# Streitfall Bargeldabschaffung
### Themenüberblick für Einsteiger
### zu Fakt und Fiktion

AF189070

Dipl.-Kfm. Sebastian Görß

# Streitfall Bargeldabschaffung
*Themenüberblick für Einsteiger*
*zu Fakt und Fiktion*

Bibliografische Information der Deutschen Nationalbibliothek:
Die Deutsche Nationalbibliothek verzeichnet diese Publikation in der Deutschen Nationalbibliografie; detaillierte bibliografische Daten sind im Internet über http://dnb.dnb.de abrufbar.

Herstellung und Verlag: BoD – Books on Demand, Norderstedt

ISBN: 9783751934947

# Inhaltsverzeichnis

# 1. Einführung

Bis noch vor einigen Jahren galten Mutmaßungen und Theorien über eine Abschaffung des Bargeldes oder sogar Bargeldverbote als ausgemachter Unsinn von Anhängern kruder Verschwörungstheorien.

Doch immer mehr wird das Thema vor allem in der Finanzwelt von Fachleuten sowie in der Politik thematisiert, und es wird auch in der breiten Öffentlichkeit verstärkt wahrgenommen. Sogar die Deutsche Bundesbank sah sich in der Vergangenheit genötigt, mehrfach zu diesem Thema Stellung zu nehmen – und das nicht ohne Grund: Denn dem Bargeld wurde vonseiten der energischen Befürworter von dessen Abschaffung schon lange der Kampf angesagt.

Und jüngst bekam das Thema durch die Krise infolge des auf der Welt grassierenden Corona-Virus eine neue Dynamik. Zu den alten Argumenten, warum das Bargeld über kurz oder lang abgeschafft werden müsse, kam nun ein neues hinzu, das nicht weniger als die eigene Gesundheit betraf: Bargeld als möglicher Überträger eines gefährlichen Virus, mit dessen Ansteckung im schlimmsten Fall sogar das eigene Leben bedroht wird. Eine bessere Steilvorlage für Bargeldgegner hätte es kaum geben können. Bargeld als etwas Schmutziges, das krank machen kann – ein perfektes Argument. Schnell griff auch die Werbeindustrie das Thema unter der Bezeichnung »kontaktloses Bezahlen« auf.

Aber eine Abschaffung oder sogar ein mögliches Verbot von Bargeld löst bei vielen Menschen Sorgen und Ängste aus. Sind diese berechtigt?

Das Thema ist nicht zuletzt deshalb heikel, weil es auch stark emotionalisiert – gerade in Deutschland. Bargeld gilt für viele als eine der wichtigsten, wenn nicht sogar als die letzte Instanz der persönlichen Freiheit. Und jedwede Beschränkung oder Benachteiligung im Alltag mit Bargeld zu bezahlen anstatt es Finanzdienstleistern anzuvertrauen, wird von nicht wenigen als Beschneidung der eigenen Freiheit und Anonymität wahrgenommen.

Doch wer steckt eigentlich hinter den Befürworten der Bargeldabschaffung? Ist Bargeld wirklich unsicher und fördert kriminelle Aktivitäten? Wie stehen Finanzindustrie und Politik dazu? Welche Vor- und Nachteile hat es, bar zu bezahlen? Will die EZB das Bargeld wirklich abschaffen? Was haben Kryptowährungen mit der aktuellen Diskussion um Bargeldverbote zu tun? Und wird das Bargeld nicht schon längst schrittweise abgeschafft, beziehungsweise, gibt es nicht bereits Bargeldbeschränkungen?

Diese und viele andere Fragen werden im Folgenden aufgegriffen und faktenbasiert thematisiert. Dabei wird Wert darauf gelegt, sich nicht mit ermüdenden Details aufzuhalten, sondern kurz und verständlich dem Leser die wichtigsten Eckpunkte zum Thema nahezubringen.

Eines sei vorweggenommen: Dem Bargeld geht es auf vielfältige Weise an den Kragen, daran gibt es keinen Zweifel. Und durch die Krisen der letzten 20 Jahre könnte sich der Trend, weg vom Bargeld, hin zum digitalen Geld auf eine Weise verstärken, die noch vor der Coronakrise als undenkbar galt: Die Rede ist von negativen Leitzinsen, die eine de facto-»Besteuerung« von Bargeld bedeuten würden.

Was es damit auf sich hat, wird auch Thema dieses Buches sein.

# 2. Bargeld versus Giralgeld

Bevor wir uns mit den vorgebrachten Argumenten zu den Vor- und Nachteilen des Bargeldes und deren Wahrheitsgehalt beschäftigen, müssen wir den Unterschied zwischen dem »bösen« Bargeld und dem »guten« Giralgeld klären.

## 2.1 Was ist Bargeld eigentlich?

Bargeld ist ein gesetzliches Zahlungsmittel in Form von Münzen und Banknoten. Die Europäische Zentralbank bestimmt über die Ausgabe von Banknoten. Die Herausgabe von Münzen obliegt den Mitgliedsstaaten, welche den Euro als gesetzliches Zahlungsmittel führen, wobei die EZB die emittierten Mengen genehmigen muss. Beide Formen werden in Deutschland über die Geschäftsbanken an die Bürger herausgegeben.

Nach § 14 Abs. 1 S. 2 des Bundesbank-Gesetztes heißt es: »**Auf Euro lautende Banknoten sind das einzige unbeschränkte gesetzliche Zahlungsmittel.**«

Aha! Damit haben wir auch schon den entscheidenden Unterschied zum Giralgeld oder auch Geschäftsbankengeld:

Das Giralgeld ist Geld in Form von Guthaben der sogenannten Nichtbanken (also z. B. Privathaushalten oder Unternehmen) bei den Kreditinstituten. Das heißt also, dass das Giralgeld (auch Buchgeld genannt) von den Banken geschaffenes Geld ist. Geschaffen wird es, indem die Bank entweder einen Kredit vergibt und dem Kreditnehmer das Geld auf seinem Konto gutschreibt oder indem jemand Bargeld auf sein Konto einzahlt und der Betrag als Giralgeld gutgeschrieben wird.

Der entscheidende Unterschied zum Bargeld ist daher offensichtlich: Während also die Herausgabe von Bargeld ausschließlich von der Europäischen Zentralbank  genehmigt werden kann und über die Bundesbank in Umlauf gebracht wird, und Bargeld laut zitiertem Gesetz als einziges gesetzliches Zahlungsmittel deklariert ist, ist das Giralgeld zwar als Zahlungsmittel akzeptiert, aber es ist eben kein gesetzliches Zahlungsmittel. Dieser Unterschied klingt in der Praxis unbedeutend, hat aber viel weitreichendere Folgen als einem auf den ersten Blick erscheint, insbesondere in Hinblick auf den Vormarsch von Kryptowährungen, zu den wir später noch kommen werden.

Diese Differenzierung zwischen gesetzlichem Zahlungsmittel Bargeld und akzeptiertem Giralgeld macht also einen Unterschied, ob man Zentralbankgeld in Form von Bargeld sein eigen nennt oder ob man beispielsweise Guthaben auf einem Girokonto hat. Die entscheidende Frage hierzu ist, wem das jeweilige Zahlungsmittel (Banknote oder Guthaben) eigentlich gehört:

## 2.2 Gehört mein Bargeld auch mir?

Wenn Sie beispielsweise Bargeld vom Geldautomaten Ihrer Bank abheben, dann erwerben Sie tatsächlich das Eigentum an den Banknoten. Die Antwort lautet also: Ja, Ihr Bargeld gehört nicht der Zentralbank, sondern Ihnen; Sie sind der Eigentümer. Die Zentralbank lässt das Bargeld nur herstellen und bringt es über die Finanzinstitute in Umlauf. Darüber hinaus bestimmt die EZB die Menge an Münzen und Scheinen.

Die bekannte Redewendung »Nur Bares ist Wahres« bekommt vor diesem Hintergrund ein reale Bedeutung.

Eigentum am Bargeld erlangt man natürlich nur dann, wenn man es auch auf rechtmäßigem Wege erworben hat und nicht etwa durch Diebstahl.

## 2.3 Gehört mein Geld auf meinem Konto mir?

Wenn Sie, wie im Beispiel genannt, Guthaben auf Ihrem Girokonto haben, dann existiert es nur als Buchgeld, beziehungsweise virtuell. Eigentum an Banknoten haben Sie dann nicht mehr, und Eigentum an Buchgeld haben Sie auch nicht. Sie haben lediglich das Recht auf Verwendung (z.B: für eine Überweisung) oder das Recht auf Auszahlung Ihres Guthabens.

Um das sacken zu lassen vergegenwärtigen wir uns das umgekehrte Beispiel: Sie zahlen einen bestimmten Betrag Ihres Bargeldes auf Ihr Girokonto ein. Das bedeutet, bei der Einzahlung geben Sie Ihr Eigentum an Ihrem Bargeld auf, übertragen es auf die Bank und erhalten im Gegenzug das Recht über Ihr Guthaben auf Ihrem Konto zu verfügen, allerdings zu den Konditionen, die Ihnen Ihre Bank vorschreibt; oder durften Sie bei Ihrer letzten Kontoeröffnung die Konditionen über die Verwendung Ihres Geldes mitbestimmen? Wohl eher nicht.

Und damit haben wir neben dem Eigentumsaspekt auch schon den Aspekt der <u>Liquidität</u>, also dem Grad, in dem in diesem Beispiel das Geld verfügbar ist. Bargeld ist nämlich nicht nur das einzige gesetzliche Zahlungsmittel, es ist auch das liquideste, weil es ohne Hindernisse oder Zwischenschritte übertragen werden kann. Man braucht keine Bankkarte, keine Geheimnummer und keine elektronische Infrastruktur oder Strom.

Beim Geld auf Ihrem Konto ist das anders. Hier sind zum einen eine Reihe von Sicherheitsvorschriften zu erfüllen, die von Land zu Land verschieden sind. Innerhalb der Europäischen Union ist das SEPA-Verfahren für Überweisungen maßgeblich. Möchten Sie eine Überweisung tätigen, brauchen Sie eine IBAN des Empfängers, eine eigene IBAN, einen Verwendungszweck und weitere Angaben. Der überwiesene Geldbetrag fließt dann auch nicht direkt von einer Bank zu der Bank des Empfängers, sondern geht über eine Verrechnungsstelle bzw. über sogenannte Gironetze.

Das Buchgeld muss also, um zum Empfänger zu gelangen, eine Reihe von Hürden nehmen, die es beim Übertagen des Bargeldes so nicht gibt.

Ein weiterer Unterschied des Giralgeldes ist, dass es <u>fakultativ</u> ist, weil es kein gesetzliches Zahlungsmittel ist.

## 2.4 Was bedeutet fakultatives Giralgeld?

Hierbei geht es um den sogenannten Annahmezwang. Da Bargeld ein gesetzliches Zahlungsmittel ist, besteht bei diesem ein grundsätzlicher Annahmezwang. Das heißt Bargeld muss bei einer Zahlung als Zahlungsmittel akzeptiert werden. Hierbei gibt es aber eine Reihe von Ausnahmen. Unter anderem kann eine Bargeldzahlung entweder durch einen Vertrag (z.B: Arbeitsvertrag) oder durch ein Gesetz (z.B. bei der Auszahlung von BAföG) ausgeschlossen werden.

Das Giralgeld setzt eine Vereinbarung voraus oder das Einverständnis des Zahlungsempfängers. Genauer gesagt, kann in der Rechtsprechung eine Überweisung nicht gegen den ausdrücklichen Willen des Gläubigers der Zahlung geschehen.

## 2.5  Zentralbankgeld in anderer Form als Bargeld

Die EZB gibt aber nicht nur Banknoten als Zentralbankgeld heraus. Zentralbankgeld existiert auch in Form von Einlagen der Geschäftsbanken bei der Zentralbank. Dies ist zum einen notwendig, damit die Banken sogenannte Mindestreserven, die vorgeschrieben sind, bei der EZB halten. Zum anderen ist dieses Geld für die Abwicklung des Zahlungsverkehrs der Banken untereinander erforderlich.


## 2.6 Verhältnis von Bargeld zu Giralgeld

Da Geld seine Art (bar oder nicht bar) jederzeit wechseln kann, gibt es keine statischen Größen. Um überhaupt Geldmenge definieren zu können, gibt es die drei berühmten Geldmengenarten M1, M2 und M3.


### Geldmenge M1:

Zu M1 gehören das Bargeld selbst und Einlagen von Nichtbanken (also Privathaushalten oder Unternehmen), die sofort verfügbar sind, also alle Guthaben mit sofortigem Zugriff.

Die Geldmenge M1 betrug im im April 2019 knapp 8.500 Mrd. Euro. Der Anteil des Bargeldes daran betrug knapp 1.200 Mrd. Euro.[1] Hier wird schon der geringe Anteil des Bargelds deutlich. Bezogen auf die Geldmengen M2 und M3 schrumpft der Anteil jeweils noch weiter:

Geldmenge M2:

M2 setzt sich zusammen aus M1, sogenannten Termineinlagen mit einer Laufzeit von maximal zwei Jahren und Spareinlagen mit einer Kündigungsfrist von maximal drei Monaten.

Geldmenge M3:

M3 setzt sich zusammen aus M2 sowie weiteren Anlageprodukten, die von Banken herausgegeben werden, dazu gehören Bankschuldverschreibungen. Das sind von Banken herausgegebene Wertpapiere, die fest verzinst sind.

Die Geldmenge M3 summierte sich im April 2019 auf etwa 12.500 Mrd. Euro. Das Bargeld, um das es hier im Buch geht, machte also etwa ein Zehntel der Geldmenge M3 aus.

---

1    Quelle: Bundesbank: Geld und Politik.

# 3. Vorteile von Bargeld

Bevor wir uns mit der Kritik am Bargeld beschäftigen, fassen wir kurz die Vorteile zusammen, die sich unter anderem schon aus dem vorangegangen Kapitel ergeben haben.

## 3.1 Gesetzliches Zahlungsmittel

Wir haben gelernt, dass Bargeld für Nichtbanken, also für den Bürger, ein <u>gesetzliches Zahlungsmittel</u> ist, an dem man Eigentum erwerben kann. Guthaben auf dem Girokonto ist nur ein akzeptiertes, dafür aber ein gängigeres Zahlungsmittel.

## 3.2 Liquidität:

Bargeld ist der <u>liquideste Teil</u> des verfügbaren Geldes, da es ohne Hindernisse übertragen werden kann (sieht man einmal von der Notwendigkeit ab, das Bargeld am Automaten bei der Bank zunächst abheben zu müssen, um es für Zahlungen zu verwenden.) Zudem sind Bargeldzahlungen von <u>technischen Infrastrukturen unabhängig</u> und immun gegen Stromausfälle oder Hackerangriffe. Sie funktionieren auch in schwersten Krisensituationen.

## 3.3 Anonymität

Ein weiterer Aspekt ist das Recht auf Privatsphäre, beziehungsweise, das Recht auf informationelle Selbstbestimmung:

Bezahlt man mit Bargeld, hinterlässt man keine nachverfolgbaren Spuren. Eine Bargeldtransaktion schützt somit die Privatsphäre. Genau daran entzündet sich aber auch die Hauptkritik, es fördere kriminelle Aktivitäten.

Privatsphäre und das Recht auf informationelle Selbstbestimmung sind aber keine Grundrechte, sondern stammen aus der Rechtsprechung. Auch deshalb ist es leicht, diese Rechte bei der Argumention zur Abschaffung des Bargeldes hintenan zu stellen.

In Deutschland wird anders als in anderen Ländern immer noch bevorzugt bar im Einzelhandel bezahlt, dies gilt insbesondere für Beträge bis 50 Euro. Auch wenn sein Anteil abnimmt, ist Bargeld das beliebteste Zahlungsmittel. Dies gilt vor allem für die Anzahl der Zahlungsvorgänge.[2]

---

2  Vgl. Bundesbank: Zahlen & Fakten rund ums Bargeld  Mai 2019.

Etwas bar »in der Hand zu haben« vermittelt denjenigen, die im Einzelhandel bar bezahlen können, zudem das Gefühl, besser den Überblick über ihre Ausgaben zu haben. Virtuelle Beträge, die nur als Zahlen existieren, geben dieses Gefühl der <u>Kontrolle</u> nicht.

## 3.4 Wertaufbewahrung

Ein weiterer Aspekt, der dem Bargeld positiv zugeschrieben wird, ist seine Funktion als sichere Wertaufbewahrung und nicht als Zahlungsinstrument. Bargeld zu horten – sei es als Notreserve oder zum Sparen – spiegelt letztlich das Vertrauen in ein gesetzliches Zahlungsmittel und das <u>Vertrauen in den Euro</u> als stabile Währung wider.

Das sieht man nicht nur im Inland, beziehungsweise in Ländern, die den Euro als Zahlungsmittel verwenden so: Geschätzte 50 % (!) der ausgegebenen Banknoten befinden sich außerhalb des Euroraums. Der Grund ist, dass der Euro als Sicherheit und Reserve außerhalb des Euroraums eine angesehene und als sicher geltende Währung darstellt und zwar in Form von Bargeld.

Vor allem in Krisenzeiten ist Bargeld für viele Menschen ein Rückzugsgebiet, das hohes Vertrauen genießt. Zurecht, denn es ist ja ein gesetzliches Zahlungsmittel, das nicht einfach verschwinden kann.

Insbesondere während der Finanz- und Schuldenkrise 2008/2009 wurde dies deutlich. Hier drohten Bankkunden verschiedene Verlustszenarien aufgrund des vor dem Kollaps bedrohten Bankensystems. Damit Kunden nicht mehrheitlich ihr Erspartes abheben und in bar horten würden, mussten in Deutschland vom Staat Garantien für Einlagen abgeben werden, gerade weil das Buchgeld infolge der unsicheren Lage nicht mehr vor Verlusten geschützt war – das Bargeld dagegen schon.

## 3.5 Kosten für den Verbraucher

Betrachtet man die zahlreichen Gebührenvarianten zur Kontoführung oder bargeldlosen Transaktionen, hat das Bargeld zudem den Vorteil, dass der Bezahlvorgang an sich den Verbraucher nichts kostet. Das gilt aber nicht (mehr) für das Abheben von Bargeld bei der Bank.

Zudem ist man nicht auf technische Einrichtungen und deren Transaktionsbedingungen angewiesen.

# 4. Nachteile von Bargeld

## 4.1 Hygiene

Einer der in diesem Jahr 2020 am nachvollziehbarsten und am häufigsten genannten Nachteile ist der Aspekt einer möglichen <u>Übertragung von Viren</u> oder Bakterien über das Bargeld. In der Coronakrise ist dieses Argument nicht von der Hand zu weisen, da es viele Menschen gibt, die Angst vor einer Ansteckung mit dem neuartigen Virus haben.

### <u>Wie groß ist die Gefahr einer Ansteckung mit dem Corona-Virus über das Bargeld?</u>

Dazu gibt es unterschiedliche Ansichten der Experten. Da zum frühen Zeitpunkt der Pandemie wenig über das neuartige Virus bekannt war, ließen sich bislang auch keine genauen Aussagen über dessen Überlebensfähigkeit auf Banknoten treffen. Dasselbe gilt für die Wahrscheinlichkeit einer Infektion auf diesem Übertragungsweg. Deutsche Experten sahen das Risiko einer Infektion für gering an.[3]

---

3 Vgl. https://www.lungenaerzte-im-netz.de/news-archiv/meldung/article/werden-coronaviren-durch-bargeld-uebertragen/

Erste Studien wiesen aber darauf hin, dass das Virus einige Zeit auf leblosen Oberflächen überleben kann.[4]

Die Frage einer möglichen Ansteckung betrifft natürlich auch sämtliche andere Gegenstände, mit denen wir es täglich zu tun haben, sei es der Einkaufswagen im Supermarkt, der Haltegriff im Bus, der Türknopf in der S-Bahn oder einfach die Türklinke, die von mehreren fremden Personen benutzt wird.

Händewaschen bleibt daher nicht nur bezogen auf die Nutzung von Bargeld von hoher Bedeutung im Alltag mit dem Corona-Virus.

Nichtsdestotrotz ist allein die Angst, sich über Münzen und Scheine anstecken zu können, ein wesentlicher Treiber für die Wahl von alternativen und bargeldlosen Zahlungsmethoden. Ein Umstand, den Wirtschaft, Banken und Befürworter der Bargeldabschaffung sofort aufgegriffen haben und auch in Zukunft für sich ausnutzen werden.

---

4 Vgl. Aerosol and Surface Stability of SARS-CoV-2 as Compared with SARS-CoV-1: New England Journal of Medicine  16.04.2020.

## 4.2 Kosten der Bargeldversorgung

Der nächste große Nachteil, der vor allem wiederholt von Banken ins Spiel gebracht wird, sind die Kosten, die Bargeld verursacht.

Das Bargeld wird über Banken und Sparkassen an die Bürger in den Verkehr gebracht, was die Finanzierung einer entsprechenden Logistik zur Bereitstellung des Bargeldes erfordert. Hierzu gehören der Transport von Bargeld, der Betrieb und die Wartung von Geldautomaten sowie die Prüfung auf Echtheit von Münzen nach der Münzgeldprüfverordnung.

Zweifelsohne entstehen den Banken bei der Verteilung von Bargeld Aufwendungen. Doch zur Wahrheit gehört auch, dass nicht wenige Institute dazu übergegangen sind, sich diese Kosten beim Kunden auf zahlreiche Arten wieder zurückzuholen. Hierzu haben sich je nach Kontomodell und Institut verschiedene Möglichkeiten ergeben. Maßnahmen zur Kosteneindämmung oder Kostenkompensierung sind:

- generelle Gebühren für das Abheben von Bargeld

- Beschränkung der Anzahl der kostenlosen Abhebungen pro Monat, weitere Abhebungen werden mit einer Gebühr belegt.

- Schließung von Geschäftsstellen und damit einhergehend auch Reduzierung der Anzahl der verfügbaren Auszahlungsautomaten.

- Kein eigener Betrieb von Geldautomaten von Banken, sondern Betrieb durch externe Dienstleister, die Gebühren verlangen.

Das Argument der Kosten, welche die Logistik von Bargeld bei den Banken betreffen, ist daher in nur in Teilen nachvollziehbar, weil diese Kosten mehr oder weniger an die Kunden einfach weitergereicht werden.

Anders sieht es im Einzelhandel aus. Hier muss unter anderem passendes Wechselgeld immer in ausreichender Menge vorhanden sein, Bestände müssen regelmäßig kontrolliert werden, Prüfungen auf Falschgeld müssen erfolgen, sowie ein geeignetes Sicherheitssystem bei der Verwahrung und dem Transport des Bargeldes ist unerlässlich. Hierbei entstehen den Händlern vor allem Kosten für das dafür notwendige Personal. Gerade für kleinere Einzelhändler ist dies definitiv ein Kos-

tenfaktor. Der Wunsch nach vermehrter bargeldlosen Zahlung ist daher verständlich.

Was die Kosten der Herstellung von Münzen und
Scheinen betrifft, so fallen diese kaum ins
Gewicht und werden ohnehin letztlich aus Steu-
ergeldern finanziert.[5]

## 4.3 Betrug mit Bargeld

Durch die Anonymität, die Transaktionen mit
Bargeld ermöglichen, sind Betrug Tür und Tor
geöffnet – so die gängige Kritik am Bargeld. Bargeld fördere die Finanzierung von Verbrechen,
und es unterstützt die Schattenwirtschaft. Als
Schattenwirtschaft bezeichnet man damit im Allgemeinen wirtschaftliche Handlungen, die vor allem die steuerliche Erfassung vermeiden und in
offiziellen Statistiken zur Erhebung der gesamten
wirtschaftlichen Aktivitäten in einem Land nicht
auftauchen.

Überdies sind weitere Aspekte, die in diese Kate-
gorie fallen und durch den Einsatz von Bargeld
gefördert werden sollen:

---

5  Vgl.: https://www.daserste.de/information/wissen-kultur/w-wie-
wissen/bargeld-106.html

Finanzierung von Terrorismus, Schwarzarbeit, Korruption, Bestechung, Schmuggel, Handel mit gestohlenen Waren und <u>Geldwäsche</u>. Geldwäsche bedeutet hierbei das Transformieren von Bargeld aus illegalen Geschäften in registriertes, legales Geld (z.B. auf einem Konto), damit dieses wieder normal in den Wirtschaftskreislauf gelangen kann. Die Methoden von Geldwäsche sind extrem variantenreich und teils sehr aufwändig.

Die Abschaffung des Bargeldes, so die Befürworter, könnte also generell die Hinterziehung von Steuern vermindern und würde zudem die Steuereinnahmen des Staates erhöhen, so dass dieser letztlich auch mehr Mittel für die Sozialsysteme zur Verfügung hätte. Wäre das wirklich so?

Um die Bedeutung des Betrugs mit Bargeld abschätzen zu können, ist es notwendig zu ermitteln, mit welchen Dimensionen man es zu tun hat. Da illegale Aktivitäten naturgemäß heimlich stattfinden, gibt es selbstverständlich auch keine gesicherten statistischen Zahlen darüber.

Aus diesem Grunde ist man gezwungen, auf Schätzverfahren zurückzugreifen. Bei diesen Methoden liegt die Schwierigkeit, korrekte Schätzungen anzustellen schon im Ansatz, nämlich in der

Definition von Schattenwirtschaft.[6] Je nachdem, wie weit man diesen Begriff fasst, ergeben sich auch unterschiedliche Größen. Keine davon ist wirklich geeignet, eine genaue Auskunft über das Ausmaß zu geben. Hinzu kommt, dass durch den digitalen Wandel mehr und mehr illegale Transaktionen vollkommen ohne Bargeld auskommen.

Jeder Gegner von Bargeld, der mit der Förderung jeglicher krimineller Handlungen durch Bargeld argumentiert, hat daher keine konkreten Zahlen zum Ausmaß jener illegalen Nutzung von Bargeldtransaktionen.

Daher gibt es neben den makroökonomischen Schätzverfahren auch die Betrachtung des gesamten Bargeldumlaufs. Hierbei soll ein Vorkommen großer Banknoten ein Hinweis auf dessen illegale Verwendung sein. Da man dabei aber nicht zwischen legaler Bargeldhortung und illegaler unterscheiden kann, ist auch diese Methode wenig verlässlich.[7]

Der Wunsch zur Abschaffung des Bargeldes fußt also auf Annahmen, die sich nur schwer statistisch erfassen lassen. Dass Bargeld für illegale Ak-

---

6 Vgl. Deutsche Bundesbank, Monatsbericht März 2019.

7 Vgl. Deutsche Bundesbank Monatsbericht März 2019, S. 51.

tivitäten Verwendung findet und Schäden für den ehrlichen Steuerzahler (in Form von Steuermindereinnahmen des Staates) verursacht, ist unstrittig. Strittig ist aber, ob eine restriktive Beschränkung der Bargeldtransaktion oder die komplette Abschaffung des Bargeldes illegale Verwendungen und Steuerhinterziehung auch wirksam bekämpfen kann. Hierzu fehlen empirische Studien.[8]

Denn: Würde beispielsweise die Schwarzarbeit nicht mit Bargeld bezahlt werden können, ist es unrealistisch anzunehmen, dass man, statt den legalen Weg zu gehen, auf andere Zahlungsmittel zurückgreifen würde, wie beispielsweise auf Gold oder neuerdings auch auf Kryptowährungen.

## 4.4 Bargeld wirft keine Zinsen ab

Richtig. Wer sein Geld zuhause in Münzen und Scheinen aufbewahrt, verzichtet auch auf eine gewinnbringende Geldanlage. Der Verzicht auf Zinsen kann also auch als Kostenfaktor für den Verbraucher interpretiert werden. Man spricht auch von Opportunitätskosten, aufgrund ent-

8 Vgl. Deutsche Bundesbank, Politikoptionen im baren Zahlungsverkehr, Geschäftsbericht 2015, S. 37–39.

gangener und möglicher Erlöse. Richtig ist aber auch, dass der dabei entgangene Gewinn vor allem durch Zinsen heute im Jahr 2020 anders zu beurteilen ist, als beispielsweise noch vor zwölf Jahren.

Dazu müssen wir kurz einen Bogen in die jüngste Vergangenheit spannen: Um die volkswirtschaftlichen Schäden durch die Finanz- und Schuldenkrise, die sich 2008 und 2009 entwickelte, zu bekämpfen, sah sich die Europäische Zentralbank zu einer schrittweisen Absenkung des Leitzinses runter auf 0% gezwungen.

Die Schuldenkrise war eine Folge der Finanzkrise, bei welcher Banken verschiedener Länder mit hohen Milliardenbeträgen gerettet wurden. Aufgrund schon stark überschuldeter Haushalte einiger Mitgliedsstaaten im Euroraum wie Italien, Spanien und Griechenland, gerieten diese Länder an den Rand des Staatsbankrotts und mussten selbst gerettet werden. Neben zahlreichen anderen Maßnahmen wie Krediten wurde hierzu der Leitzins gesenkt.

Der Leitzins wird von der Europäischen Zentralbank festgelegt und bestimmt, zu welchem Zinssatz sich Geschäftsbanken bei der zuständigen Zentralbank Geld leihen mit dem Ziel, dadurch indirekt ein stabiles Preisniveau im Euroraum zu gewährleisten.

Wenn man vom Leitzins spricht (es gibt drei Leitzinsen an der Zahl), dann meint man meistens den Zinssatz für das Hauptrefinanzierungsgeschäft, also dem Zins, zu dem sich die Banken Geld leihen können. Lag dieser Zins noch vor der Finanzkrise aus 2008 bei bis zu 4 % liegt er heute im Jahr 2020 bei 0%. De facto existiert er also heute nicht.

Der Leitzins dient als Orientierung für die Kredit- und Guthabenzinsen für Verbraucher und Unternehmen. Ein niedriger Leitzins bedeutet, dass sich Banken günstig Geld leihen können und es ebenfalls zu günstigen Konditionen an ihre Kunden in Form von Krediten anbieten können. Auf der anderen Seite sinken aber auch die Guthabenzinsen. Wer sparen will, hat das Nachsehen.

Zum Vergleich: Tagesgeldzinsen lagen vor Senkung des Leitzinses vor zwölf Jahren noch bei ca. 2% heute bei nahe 0%. Festgeldzinsen mit einer Laufzeit von einem Jahr lagen bei bis zu ca. 5%. Heute ebenfalls bei unter 0,4%, also fast 0%.

Noch schlimmer sieht es bei Bundesanleihen aus. Bundesanleihen sind festverzinsliche Wertpapiere, die von der Bundesrepublik Deutschland herausgegeben werden. Sie sind für den Staat ein Instrument, um sich Geld bei Banken oder Bürgern zu leihen. Sie waren für Privathaushalte stets attraktiv, da sie gut verzinst und sicher waren. Vor zwölf Jahren erreichte man noch mit einer 10 jährigen Bundesanleihe über 4 % Verzinsung. Heute im Jahr 2020 sind es -0,75%. Wenn man in Bundesanleihen heute investiert, bedeutet eine negative Verzinsung also, dass man – statt Zinserträge zu erhalten – weniger zurückbekommt, als man angelegt hat.

Nach einer schleppenden wirtschaftlichen Entwicklung im Euroraum bis 2019 wurde mit einer erhofften Anhebung des Leitzinses abgewartet, um das mühsam erkämpfte Wirtschaftswachstum durch teurere Kreditvergabe nicht zu gefährden.

Spätestens aber mit dem Ausbruch der Corona-Pandemie und dem weitreichenden wochen- oder monatelangen Ersterben der wirtschaftlichen Aktivitäten haben sich die Hoffnungen auf eine baldige Anhebung der Leitzinsen und damit auch der Guthabenzinsen für Sparer endgültig zerschlagen.

Wer anlegen möchte, ist neben der Möglichkeit, Immobilien zu erwerben, letztlich gezwungen in Aktienmärkte zu investieren. Dies ist verbunden mit mehr oder weniger stark ausgeprägten Kursrisiken und mehreren teils saftigen Gebühren. Drastische Kursstürze wie zu Beginn der Pandemie im Jahr 2020 machen die Entscheidung für derartige Investitionen sicher nicht leichter. Gerade risikoaverse Anleger (also Anleger, die das Risiko von Verlusten scheuen) werden weiter den Schritt an die Börse vermeiden.

Um also wieder zum Bargeld zurückzukommen, ist es daher verständlich, wenn Sparer in diesen unsicheren Zeiten ihr Geld lieber bar horten, auch wenn sie sich Zinsen oder Kursgewinne entgehen lassen. Vor der Finanz- und Schuldenkrise war es wesentlich einfacher, sein Geld sicher anzulegen. Heute ist das nicht mehr so.

Insofern bekommt das Bargeld heute eine attraktivere Bedeutung als in Zeiten, in denen der Leitzins größer als 0 % war. Denn egal ob man sein Geld in bar hortet oder aufgrund seiner Risikoaversion auf einem niedrig verzinsten Tagesgeldkonto liegen lässt; in beiden Fällen schmilzt durch die Inflation der Wert des Ersparten fast gleichermaßen.

# 5. Vorteile von Giralgeld

Bargeldloses Bezahlen gewinnt auch in Deutschland - ein Land in dem immer noch gerne häufig und viel bar bezahlt wird - zunehmend an Bedeutung. 2018 wurde erstmals im Einzelhandel weniger mit Bargeld bezahlt als mit Karte.[9] (Trotzdem ist der Bargeldanteil am Umsatz mit knapp 49 % immer noch sehr hoch.)

Anders sieht es bei der Anzahl der Transaktion aus. Hier hat das Bargeld immer noch deutlich die Nase vorn. Ungefähr drei Viertel aller Einkäufe werden bar bezahlt, was wohl vor allem darauf zurückzuführen ist, dass kleinere Beträge in Deutschland immer noch gerne auf diese Weise bezahlt werden.

Besonders beliebt ist die Girokarte (oder Girocard) gefolgt von der Kreditkarte. Die Vorteile sind offensichtlich:

Man muss keine Geldscheine und Münzen mehr mit sich herumtragen und Angst haben, bestohlen zu werden. Eine Karte kann zwar auch Opfer eines Diebstahls werden oder verloren gehen, aber der Karteninhaber kann diese für Zahlungen

---

9    Vgl. https://www.ehi.org/de/pressemitteilungen/liebe-zum-bargeld-laesst-nach/

jederzeit sperren lassen, sofern er den Verlust oder den Diebstahl bemerkt hat.

## 5.1 Schnellere Transaktionen

Bargeldlos kann man mittlerweile fast überall bezahlen. Besonders jüngere Menschen, die keine Scheu vor neuen Techniken haben, nutzen diese Möglichkeit. Zudem wird die <u>Dauer des Bezahlvorgangs</u> (auch ein Kritikpunkt beim Zahlen mit Bargeld) stets weiter gesenkt. Wurde vermehrt noch beim Zahlen mit Girocard die Unterschrift benötigt, kommt heute die PIN-Geheimzahl immer öfter zum Einsatz. Noch schneller soll es mit Girokarten (oder Kreditkarten) mit integriertem NFC-Chip gehen:

NFC steht für »*Near Field Communication*«. Man kann bezahlen, ohne dabei die Karte in einen Schlitz zu stecken und ohne sie überhaupt aus der Hand geben zu müssen.

Der NFC-Technik liegt ein Übertragungsstandard zugrunde, der es erlaubt, kontaktlos Daten zu übertragen. Dies funktioniert bei einer Reichweite von etwa maximal 4 cm. Je nach Kartentyp können beim Kauf kleinere Beträge kontaktlos beglichen werden, ohne Unterschrift und ohne PIN.

Welche Daten auf dem NFC-Chip gespeichert werden, hängt von der jeweiligen Bank ab.

Möglich ist das kontaktlose Bezahlen auch mit einem NFC-fähigen Smartphone. Zusätzlich benötigt wird aber zu einer erforderlichen Kreditkarte ein weiterer Zahlungsdienst wie Google Pay oder Apple Pay. Diese Dienste werden aber noch nicht von allen Banken unterstützt.

## 5.2 Geringere Kosten

Ein weiterer Vorteil des bargeldlosen Bezahlens betrifft vor allem die Verkäuferseite. Es muss kein passenden Wechselgeld mehr parat liegen, das gezählt werden muss. Echtheitsprüfungen entfallen ebenso wie Transport, Lagerung und entsprechende Sicherheitsmaßnahmen. All diese Aspekte betreffen vor allem teure Personalkosten, die von den Händlern eingespart werden könnten. Vor allem für kleine Händler mit vergleichsweise geringen Umsätzen ist dies ein nicht zu unterschätzender Kostenfaktor.

## 5.3 Mehr Umsatz

Auf Bargeld beim Bezahlen zu verzichten, bedeutet mehr Umsatz für die Händler. Laut einer Studie konnten mehr als die Hälfte der befragten Unternehmen einen positiven Einfluss auf die Umsatzhöhe feststellen.[10] Wird dagegen Bargeld benutzt, achtet etwa die Hälfte der Kunden mehr auf ihre Ausgaben. Ohne Bargeld wird nicht nur mehr ausgegeben, es wird auch tendenziell mehr gekauft. Verständlich, dass aus Unternehmersicht der Trend zum bargeldlosen Bezahlen begrüßt und unterstützt wird.

Die Hemmschwellen beim Kaufen sind geringer und werden durch die stets weiterentwickelten Erleichterungen und Beschleunigungen des unbaren Bezahlvorgangs weiter abgebaut. Gut für die Verkäufer, schlecht für den Kunden, der eventuell den Überblick über seine Ausgaben verliert.

Außerdem lässt sich mit den erhobenen Daten aus den Transaktionen für die Finanzdienstleister weitergehend Geld verdienen. Für diese ist das ein Vorteil. Für den Kunden ein Nachteil. Mehr dazu im folgenden Kapitel.

---

10  ECC Köln: Pressemitteilung: Bargeldlose Bezahlverfahren ermöglichen kleinen und mittleren Unternehmen höhere Umsätze und Effizienzgewinne.

# 6. Nachteile von Giralgeld

In den Vorzügen des schnellen und immer einfacher werdenden Bezahlens mit Karte oder Smartphone stecken eine Reihe von nicht unerheblichen Begleiterscheinungen und Risiken, worüber sich die meisten Nutzer nicht im Klaren sind.

### 6.1 Digitale Spuren

Jede dieser bargeldlosen Transaktionen hinterlässt immer eine Spur aus Daten, die der Nutzer erzeugt. Mit jeder Transaktion werden eine Reihe von Daten generiert, gespeichert und verwertet. Datenschützer sagen, dass mit einer Umstellung auf bargeldlose Bezahlvorgänge die Anonymität am Ende ist.

Nun kann man argumentieren, dass Daten, die über das eigene Kaufverhalten gesammelt werden, anonymisiert sind, weil sie nicht mit dem eigenen Namen verbunden werden. Doch das täuscht: In einer Studie konnte durch die Transaktionen von über einer Millionen Menschen in verschiedenen Ländern über drei Monate lang von 90 % ihre Identität eindeutig bestimmt werden, obwohl die gesammelten Daten über die

Transaktionen anonymisiert waren.[11] Moderne Algorithmen, die stets immer weiter verbessert werden, machen es möglich. Indem nach Mustern im Einkaufsverhalten gesucht wird, sind solche Rückschlüsse auf die Identitäten möglich. Dazu gehören Zeit des Einkaufs, Ort, Art des Einkaufs und Wiederholung des Einkaufs zu bestimmten Tages- und Uhrzeiten. Durch Verbindung der getätigten Käufe lassen sich detaillierte Profile über die Nutzer sammeln, sei es der Tagesablauf, die Gewohnheiten oder der Wohnort.

Die gesammelten anonymen Daten werden aber nicht zentral gespeichert. Banken, Zahlungsabwickler, Internetbezahldienste und Kassensysteme verfügen über verschieden Angaben. Erst deren Zusammenführung lässt Rückschlüsse auf Identitäten zu.

Eine erleichterte Zusammenführung dieser Daten erfolgt beispielsweise durch Bonus- oder Rabattprogramme wie Payback. Nachdem der Kunde hierbei freiwillig persönliche Daten von sich preisgegeben hat, um die Rabatte nutzen zu können, werden diese Daten mit seinen Umsätzen in Verbindung gebracht. Je häufiger die Rabatt- oder

---

11  Vgl.: De Montjoye, Y.-A., L. Radaelli, V. K. Singh, and A. Pentland. "Unique in the Shopping Mall: On the Reidentifiability of Credit Card Metadata." Science 347, no. 6221 (January 29, 2015): 536–539.

Bonuskarte eingesetzt wird, desto genauer lässt sich ein Profil über den Kunden erzeugen und desto gezielter lässt sich die Werbung für in Frage kommende Produkte gestalten. Name, Adresse und Geburtsjahr dürfen ohne Widerspruch des Kunden für Werbezwecke genutzt werden.[12] Darüber hinausgehende Angaben sind freiwillig und bedürfen einer Einverständniserklärung.

Doch auch ohne diese Rabattkarten wie Payback lassen sich allein durch die Nutzung von unbaren Bezahlmethoden Daten über das Einkaufsverhalten sammeln. Dies gilt auch für Apple und Google, die in Verbindung mit einem Smartphone und Kooperationen mit bestimmten Banken ihre Dienste anbieten. Beide sammeln Daten über die Benutzer. Dazu können gehören Datum und Uhrzeit, Warenbeschreibung und Händlerinformationen.[13] Noch sind die Nutzerzahlen sehr gering. Der Nutzen sowie der Wert und die Verknüpfungsmöglichkeiten der gesammelten Daten ist aber viel größer als demjenigen, der sie freiwil-

---

12  Vgl. https://www.verbraucherzentrale.de/wissen/vertraege-reklamation/werbung/kundenkarten-wenig-rabatt-fuer-viel-information-13862

13  https://www.verbraucherzentrale.de/wissen/digitale-welt/mobilfunk-und-festnetz/google-pay-zahlen-mit-dem-androidsmartphone-33134

lig oder unwissend herausgibt, bewusst ist. Je mehr Transaktionen auf diese Weise erfolgen, desto mehr Informationen stehen für eine Auswertung zur Verfügung und desto wertvoller werden diese Informationen.

Zur Rechtfertigung der Erhebung oder gegebenenfalls Speicherung von Daten beim bargeldlosen Zahlungsverkehr wird nicht zu Unrecht auch auf die Notwendigkeit von Gewährleistung der Sicherheit der Transaktionen und deren Prüfung verwiesen, um Kartenmissbrauch zu verhindern. Dies geschehe zudem im Einklang mit den geltenden Datenschutzbestimmungen. Nur hat der Kunde in der Regel gar keinen Überblick mehr wo, wann und welche Daten eigentlich beim Bezahlen erfasst werden. Die Vielzahl der bargeldlosen Bezahlmöglichkeiten und Anbieter zu Zahlungsabwicklung kommt dabei erschwerend hinzu.

Daten werden selbstredend nicht nur beim Bezahlen gesammelt, sondern bei einer Vielzahl von Aktivitäten im Internet. Mit dem Einsatz von künstlicher Intelligenz in Verbindung mit großen Datenmengen sind nicht nur Verbesserungen im Zusammenhang mit gezielterer Werbung für Produkte und Dienstleistungen möglich, so dass der Kunde animiert wird, mehr Geld auszugeben.

Mit moderner KI ist es heute schon möglich, auch das <u>Verhalten von Menschen zu beeinflussen</u>. Dies kann auf sehr unterschiedliche Weise erfolgen. Menschen können durch Künstliche Intelligenz nicht nur manipuliert werden, sondern ihre Entscheidungsfähigkeit wird in einer Weise beeinflusst, dass eine bestimmte Entscheidung des Menschen nicht mehr aus freiem Willen heraus geschieht, sondern durch den Einsatz der KI – zum Beispiel in Form von Social Bots (ein Algorithmus, der eine menschliche Identität vortäuscht) – gesteuert wird. Dies kann Entscheidungen beim Kauf betreffen oder beim Treffen einer politischen Entscheidung zu einer Wahl.[14] Was noch für einige nach Science-Fiction klingt, ist längst Realität und wird stetig weiterentwickelt.

Im Zusammenhang mit dem Sammeln und Verwerten von Daten hört man häufig das Gegenargument, dass einem die Privatspähre egal wäre, denn man habe nichts zu verbergen. Dieses Argument und die darin zugrunde liegende Implikation, dass man letztlich einverstanden mit der digitalen Spurenauswertung und der Überwachung wäre, ist populär, aber auch ebenso unvorsichtig. Niemand würde einem Fremden im direkten Ge-

---

14  https://www.heise.de/newsticker/meldung/KI-Stratege-EU-hat-Wettlauf-mit-USA-um-KI-schon-teils-verloren-4292245.html

spräch seine Kontodaten mitteilen, oder ihm detailliert Auskunft über Höhe und Inhalte seiner letzten Einkäufe geben (um beim Beispiel des bargeldlosen Bezahlens zu bleiben. Viel mehr private Details über das eigene Leben werden freiwillig durch die Verwendung von sozialen Netzwerken zur Verfügung gestellt). Da aber die Datenverwertung unbemerkt und anonym beim Bezahlen geschieht, und sogar die meisten Nutzer gar nicht wissen, was für Daten gesammelt werden und wofür, unterliegt man schnell dem Irrglauben, man sei dennoch geschützt.

Es bleibt festzuhalten, dass das Bezahlen mit Karte oder Smartphone immer bequemer wird und dem Wunsch der Kunden nach mehr Bequemlichkeit durch Entwicklung immer neuer Techniken entsprochen wird. Die Bequemlichkeit hat aber einen Preis: <u>Die Aufgabe der eigenen Anonymität</u> und der Verlust der Sicherheit, dass niemand außer man selbst über seine Ein- und Ausgaben Bescheid weiß.

Damit haben wir die Überleitung zum nächsten nachteiligen Aspekt. Nämlich, der sich ständig ändernden technologischen Verfahren, um ein Mindestmaß an Sicherheit beim bargeldlosen Zahlungsverkehr zu gewährleisten.

## 6.2 Technische Änderung überfordern Kunden:

Bezahlen im Einzelhandel mit der Karrte, mit dem Smartphone oder im Internet erfreut sich immer größer werdender Beliebtheit und geht einher mit sinkendem Misstrauen gegenüber den neuen Techniken, die dabei zugrunde liegen. Die Zahl dieser Möglichkeiten wächst jedoch immer weiter, so dass es schwer fallen kann, den Überblick zu behalten geschweige denn, die Funktionsweise hinter den vielen Bezahlmethoden zu verstehen.

Neben den häufigsten Zahlmethoden mit Girokarte oder Kreditkarte, gibt es noch eine Reihe weiterer Varianten und Alternativen.

Als Auswahl gehören unter anderem dazu:

- Kreditkarte auf Guthabenbasis

- Geldkarte auf Guthabenbasis

- Lastschriftverfahren

- virtuelle Kreditkarte in Verbindung mit einem Smartphone

- Transaktionsdienste wie Paypal, Paydirekt oder Amazon Pay

- mobiles Bezahlen mit Handy und der NFC-Technologie in Verbindung mit Zahlungsdienstleistern wie Google Pay (Google, USA), Apple Pay (Apple, USA), Wechat Pay (Wechat, China), Alipay (Alibaba, China), Garmin Pay (Garmin, Schweiz)

- mobiles Bezahlen mit der digitalen Geldbörse der Sparkassen

- Bezahlen mit einer Kryptowährung wie Bitcoin, sofern diese vom Verkäufer akzeptiert wird

Jede dieser Bezahlmöglichkeiten unterliegt unterschiedlichen Anforderungen für die Nutzer, unterschiedlich implementierten Sicherheitsmethoden und gegebenenfalls Gebühren. Und die Zahl der bargeldlosen Bezahldienste wird nicht weniger werden, da insbesondere das Zahlen mit dem Handy noch enormes Wachstumspotenzial verspricht und für die Zukunft als die führende mobile Zahlmethode angesehen wird.

Da viele Kunden mehrere Konten besitzen und nicht jeder (mobile) Bezahldienst mit jeder Bank funktioniert, gibt es für das Smartphone auch sogenannte <u>Multibanking Apps</u>. Damit können mehrere Konten verschiedener Banken über nur eine App erreicht werden. Die Finanzdienstleister müssen zur Wahrung der Sicherheit den aktuellen Online-Banking Standard unterstützen. Erneut werden also <u>Daten über einen weiteren Anbieter übermittelt,</u> und das zusätzliche Einrichten eines weiteren Zugangs zu entsprechenden Apps von Drittanbietern mit Passwort ist erforderlich.

Multibanking liegt im Trend. Deswegen müssen auch entsprechende Apps genauso sicher sein wie normales Online-Banking über den Computer.

Multibanking Apps stehen jedoch zahlreich und in wachsender Auswahl zur Verfügung. Und neben den Mindestanforderungen an die Sicherheit können je nach App auch <u>Daten übertragen werden, die nicht notwendig sind,</u> um eine Transaktion zu gewährleisten. Der Kunde weiß davon meist nichts.

Genau wie beim bargeldlosen Bezahlen an der Kasse muss auch beim Online-Banking die Sicherheit gewährleistet werden. Reichte es früher noch aus, sich mit einem Passwort in seinen Online-Banking Account einzuloggen, wurden 2018 die Sicherheitsmaßnahmen im Rahmen der Zahlungsdiensterichtlinie PSD2 (Payment Services Directive2) verschärft.

Unter anderem soll damit die Sicherheit im Zahlungsverkehr erhöht werden, was an und für sich begrüßenswert ist. Aber für den Verbraucher ist dies auch mit <u>Mehraufwand</u> verbunden. Hierzu gehört die »<u>starke Kundenauthentifizierung</u>«.

Die starke Kundenauthentifizierung betrifft das Einloggen in seinen Online-Banking Account, das Auslösen einer Überweisung oder den Fernzugriff aufs Konto. Zur Authentifizierung sind mit PSD2 nun mindestens zwei Faktoren nötig. Neben dem üblichen Passwort ist dies in Regel eine dynamisch generierte TAN, die nicht mehr von vordruckten Listen (iTAN Listen), die es früher gab, stammen darf. Bei Überweisungen muss diese TAN immer in Verbindung mit dem zu überweisenden Betrag stehen. Wie diese TAN generiert wird, ist auch von Bank zu Bank unterschiedlich. Die TAN kann als eine SMS an das Smartphone gesendet werden (auch **mTAN** genannt). Ihre Gültigkeit ist zeitlich begrenzt. Sie ist die bekannteste Form der dynamisch generierten TANs, aber auch nicht unumstritten.

Statt einem einheitlichen TAN-Verfahren gibt es viele verschiedene. Hintergrund ist nämlich nicht nur, dem Kunden im Rahmen des angebotsseitigen Wettbewerbs diverse Varianten zu offerieren. Es geht auch darum, dass es unterschiedliche

Auffassungen über die <u>Sicherheit</u> der jeweiligen Methode gibt, was als Nachteil zu interpretieren ist. Denn woher soll er Kunde wissen, welches Verfahren wirklich sicher ist?

Um die für Nutzer unübersichtliche Vielfalt beim Generieren von notwendigen TAN-Nummern zu verdeutlichen, seien ein paar Beispiele genannt. Viele Institute geben ihren Verfahren eigene Namen. Deren Funktionalität kann sich trotz unterschiedlicher Bezeichnung gleichen.

- **PhotoTAN:** Mit einer Photo-TAN App oder einem Photo-TAN Lesegerät wird ein Barcode eingescannt. Die App oder das Lesegerät wandeln den Barcode in eine TAN um.

- **eTAN** und **eTAN plus:** Hierbei benötigt der Benutzer einen TAN-Generator. Nach Eingabe von Überweisungsdaten erhält er von der Bank eine Kontrollnummer, die vom TAN-Generator in eine TAN umgewandelt wird. Beim eTAN plus Verfahren wird ein Kartenlesegerät benutzt, das in Verbindung mit der Bankkarte und der Kontrollnummer eine TAN erzeugt.

- **Sm@rt-TAN photo:** Bei diesem Verfahren ist ein Kartenlesegerät erforderlich, das vom Verbraucher zu bezahlen ist. In Verbindung mit einer entsprechenden Bankkarte wird ein farbiger Code vom Bildschirm eingescannt und daraus wird eine TAN erzeugt.

- **Sm@rt-TAN optic:** Hierbei wird am Computer oder am Smartphone eine sogenannte Flickergrafik dargestellt, die aus animierten Balken besteht. Mit dem TAN-Generator wie beim Sm@rt-TAN-Photo-Verfahren wird das Bild eingescannt, und daraus wird dann eine TAN generiert.

- **Sm@rt-TAN bluetooth:** Bei diesem Verfahren wird das Kartenlesegerät einmalig mit dem Smartphone / Tablet gekoppelt und kommuniziert über die bluetooth-Funktionalität des Endgerätes.

- **Push-TAN:** Bei der Push-TAN ist eine Push-TAN-App erforderlich, die von der Bank herausgegeben wird. Nach Eingabe der Überweisungsdaten erhält man über die App eine Nachricht, nach deren Bestätigung durch den Nutzer eine TAN angezeigt wird, die man dann eingeben kann.

- **chipTAN USB:** Mit einem für dieses Verfahren erforderlichen TAN-Generator mit USB-Anschluss wird die Bankkarte in diesen eingesteckt. Ein nach Eingabe der Überweisungsdaten am Bildschirm angezeigter Code wird in das Gerät eingeben und daraus wird eine TAN generiert.

Letztlich laufen alle Verfahren auf die dynamische Generierung von zeitlich begrenzt gültigen TAN-Nummern hinaus. Wechselt man als Verbraucher öfter die Bank, muss man sich mit den jeweils angebotenen Verfahren vertraut machen. Eine Vereinheitlichung der TAN-Verfahren wäre wünschenswert, ist aber aufgrund der Vielzahl der Banken, die um die Gunst der Kunde buhlen, kaum realistisch.

Doch die neue Richtlinie PSD2 hat noch weitergehende Auswirkungen. Sie soll neben der Sicherheit auch das Bezahlen im Internet erleichtern. Wie kann man das als Nachteil für den Verbraucher betrachten?

Eine dieser Erleichterungen soll darin liegen, dass sich ein Käufer für den Bezahlvorgang bei einer Bestellung im Internet nicht extra in sein Online-Banking Konto einloggen muss, sondern einen *»Zahlungsauslösedienst«*, der von der Händlerseite angeboten wird, nutzt. Zahlungsauslösedienst ist für diesen Fall die offizielle Bezeichnung für Dienste wie die Sofort-Überweisung. Wie funktioniert das?

Nach einer Bestellung bei einem Shop im Internet loggt sich der Kunde wie beschrieben nicht mehr bei seiner Bank ein, um eine Überweisung durchzuführen, sondern er loggt sich mit seinen Zugangsdaten beim Zahlungsauslösedienst ein und authentifiziert sich mit Passwort und TAN. Vom Shop erhält der Dienst die nötigen Überweisungsdaten, veranlasst (statt dem Kunden selbst) die Überweisung bei der Bank des Kunden und erhält von der Bank eine Ausführungsbestätigung, die er an den Shop weiterleitet. Alles klar?

Dafür, dass sich der Kunde also die Eingabe von Überweisungsbetrag und Kontoinformationsdaten für die eigene Bequemlichkeit erspart, gibt man PIN und TAN über einen dritten Dienst weiter, der darüber hinaus auch Informationen über ihren getätigten Kauf erhalten kann oder Einblicke in sensible Kontodetails und weitere Informationen erhält, die nicht unmittelbar mit der Überweisung in Zusammenhang stehen.

Vor 2018 konnten Banken diese Form des Zugangs zu Konten über dritte Dienste verbieten. Mit der neuen PSD2-Richtlinie müssen die Institute Drittanbietern aber den Zugang ermöglichen. Aus Bequemlichkeitsgründen für den Kunden ist dies eine vorteilhafte Verpflichtung, aber aus dem Blickwinkel der Sicherheit der eigenen Daten unverständlich, da die Gefahr von Datenmissbrauch durch einen Hackerangriff oder Datenlecks infolge der Weitergabe sensibler Daten an einen weiteren Dienst neben der Bank steigen könnte, gleichwohl die Zahlungsauslösedienste der Bundesanstalt für Finanzdienstleistungsaufsicht unterstellt sind.

Es bleibt festzuhalten, dass durch neue technische Möglichkeiten sowie Sicherheitsvorschriften und deren verschiedenartige Ausgestaltung, die vom jeweiligen Institut abhängig sind, dem Kunden zwar vorgeblich das Leben einfacher gemacht werden soll. Die Kehrseite der Medaille ist aber, dass dem Einzelnen die komplizierten Prozesse, die hinter den neuen Verfahren stecken, kaum bekannt sind. Dasselbe gilt für die jeweils erhobenen Daten.

Was die Einführung neuer Techniken betrifft, ist damit aber noch nicht das Ende der Fahnenstange erreicht:

Die PSD2-Richtlinie reicht nämlich noch weiter: Im praktischen Alltag sieht sie als Sicherheitsmerkmal für den Kunden also vor, sich mit zwei Faktoren zu identifizieren (z. B.: Passwort und zeitlich begrenzte TAN). Diese starke Kundenauthentifizierung setzt daher laut Richtlinie zwei unabhängige Merkmale voraus, um beispielsweise eine Überweisung im Internet zu tätigen. Tatsächlich werden laut dieser Richtlinie aber <u>drei Merkmale</u> genannt, von den zwei zur Anwendung kommen müssen. Diese drei Merkmale sind:

- *Wissen (z. B. Passwort)*

- *Besitz (z.B. Smartphone oder TAN-Generator)*

- *Inhärenz[15]*

---

15  https://www.bundesbank.de/de/aufgaben/unbarer-zahlungsverkehr/psd2/psd2-775434

Bislang kommen hauptsächlich die ersten beiden Merkmale beim Online-Banking zum Zuge. Das dritte Merkmal betrifft aber Aspekte, die dem Nutzer körperlich zu eigen sind. Dazu zählen, Fingerabdruck, Gesichtserkennung, ein Scan der Iris und Stimmenerkennung. Die Basis für diese Techniken gibt es schon. Viele Smartphones aktueller Generationen verfügen über einen Fingerabdrucksensor und über eine Gesichtserkennung zum Entsperren des Geräts.

Das Merkmal der Inhärenz dürfte nicht jedem gefallen. Schließlich werden dann nicht nur Zahlen digital übertragen, sondern körpereigene Merkmale. Diese biometrischen Daten sind nämlich besonders sensibel, und sie sind nach Artikel 9 Datenschutz-Grundverordnung auch besonders schutzbedürftig.

Mit zunehmender Komplexität der Verfahren und Möglichkeiten des mobilen Bezahlens steigt die Informationsasymmetrie zwischen Anbieter und Kunden. Mit Asymmetrie ist dabei gemeint, dass die Anbieter über immer neue und immer mehr Möglichkeiten verfügen, Informationen über Kunden, deren Verhalten, Vorlieben, usw. zu sammeln. Der Kunde dagegen verliert den Überblick über die technischen Abläufe und Datengenerierungen, die seine Transaktionen auslösen. Er muss sich auf die Einhaltung von Gesetzen und Richtlinien, die seiner Sicherheit dienen, verlassen, ohne deren Gewährleistung nachprüfen zu können. Und er muss auch darauf vertrauen, dass nur diejenigen Daten erhoben werden, die absolut notwendig ist. Ob dies auch immer so umgesetzt wird, wie es die PSD2 Richtlinie vorsieht, ist in Frage zu stellen.

Besonders für ältere Generationen, die nicht mit dem Smartphone oder der Computermaus in der Hand aufgewachsen sind, ist der letzte Punkt besonders zutreffend. Die neuen Bezahlsysteme allein nutzen zu können, ist schon für manch einen eine Herausforderung – die Abläufe, die im Hintergrund stattfinden, zu verstehen, grenzt aber für viele dann sogar an eine Zumutung.

Eine andere Frage ist auch, ob die neuen und verschiedenen Sicherheitsmaßnahmen durch PSD2 beim Bezahlen nicht abschreckend wirken können, und es vermehrt vorkommen kann, dass ein Bezahl- oder Bestellvorgang abgebrochen wird, weil das Gefühl des komfortablen und verstehbaren Kaufens im Internet gestört wird. Der Ausgleich zwischen notwendiger Sicherheit und Nutzerfreundlichkeit wird in Zukunft noch zu weiteren Änderungen führen, mit denen sich die Kunden vertraut machen müssen.

## 6.3 Steigende Abhängigkeit

Mit dem Trend zum mobilen und bargeldlosen Zahlungsverkehr im Alltag geht auch eine steigende Abhängigkeit von neuen Technologien, Geräten und Sicherheitsmaßnahmen einher. Das Smartphone ist heutzutage unerlässlich. Gerade deshalb wird im Zusammenhang mit dem mobilen Bezahlen argumentiert, dass nahezu jeder Mensch ohnehin ein Smartphone besäße, und damit das Erledigen seines Online-Bankings mit diesen Geräten selbstverständlich, ja sogar zwingend notwendig sei. Das ist zwar richtig, weil das Smartphone in immer mehr Bereiche des alltäglichen Lebens eindringt. Es macht einen aber auch abhängiger von einem einzigen Gerät. Wenn es defekt ist, verloren geht oder gestohlen wird, ist der Aufwand, die genutzten Funktionen auf einem neuen Gerät zu aktivieren teilweise sehr Zeit- und Nerven raubend - von den Kosten für eine Neuanschaffung ganz abgesehen.

Das elektronische Bezahlen, bei dem eine Reihe von Herstellern und Dienstanbietern in ihren jeweiligen Ausgestaltungen der technischen Abläufe involviert sind, steigert zwar die Annehmlichkeit für den Nutzer, sie beschneidet aber zusehends die individuelle Freiheit. Bargeldzahlungen werden im digitalen Zeitalter zwar als Ana-

chronismus betrachtet, sie gewähren aber gegenüber den elektronischen Verfahren einen Grad an
Freiheit, der durch die modernen unbaren Zahlmethoden unerreicht ist. Zudem sind sie auch
von ganz banalen Voraussetzungen wie Strom
unabhängig.

### 6.4 Trügerische Sicherheit beim Bezahlen

Wie beschrieben, dienen die neuen seit 2018 geltenden Vorschriftlichen im Rahmen von PSD2 ei-
nerseits der Verbesserung des Verbraucherschut-
zes beim Bezahlen und anderseits der Sicherheit.

Passwörter, TANs, PINs und sichere Verschlüsse-
lung der Daten sollen Standards sein, auf die sich
jeder verlassen kann. Jeder soll darauf vertrauen
können, dass seine Daten vertraulich behandelt
werden und nicht für andere Zwecke missbraucht
werden können.

Doch hierzu gibt es <u>viele Anforderungen für den
Nutzer</u> und eine Menge Fallstricke, die diese
Grundsätze zunichte machen können. So wird
beispielsweise beim Online-Banking generell
empfohlen, sich nur über ein privates und nicht
über ein öffentliches Netzwerk in seinen Account
einzuloggen. Auch muss man als Kunde selbst

darauf achten, dass die Webseite der Bank, über die man sich einloggen will, auch wirklich von der Bank stammt, oder ob es sich um eine betrügerische Website handelt, welche die Seite der Bank imitiert, um an Daten heranzukommen.

Des Weiteren sollte man immer aktuelle Anti-Viren-Software auf seinem Gerät installiert und aktualisiert haben, Kontobewegungen sollten regelmäßig geprüft werden, weil es jederzeit zu Missbrauch kommen kann. Drahtlosverbindungen (WLAN) müssen immer verschlüsselt erfolgen, und das Passwort selbst muss ausreichend lang und sicher sein.

Bargeld sei nicht sicher, weil man es stehlen kann. Und wie sieht es beim Online-Banking aus – also mit dem Buchgeld auf dem eigenen Konto?

Im Jahr 2019 meldete die R+V Versicherung eine deutliche Zunahme von Betrugsfällen im Online-Banking.[16] Auch die Zahl der Beschwerden bei der Bundesanstalt für Finanzdienstleistungsaufsicht nahm diesbezüglich in 2019 zu, wobei hier auch Beschwerden auf Schwierigkeiten beim Zugang zum eigenen Konto zählen.[17]

---

16  https://www.ruv.de/presse/pressemitteilungen/Sch%C3%A4dendurchOnlinebanking-Betrugnehmendeutlich_zu

Die Möglichkeiten, um an Kontodaten, Passwörter und TANs auf betrügerische Weise zu kommen, sind trotz der neuen Richtlinien, welche zeitgemäße Sicherheitsstandards gewährleisten sollen, nach wie vor vorhanden.

Das fängt beim Phishing an. Dabei wird versucht mit gefälschten Nachrichten oder mit gefälschten Webseiten die geheimen Daten zu erbeuten, um damit anschließend das Konto leerzuräumen. Die verpflichtend eingeführten TAN-Verfahren erschweren den Erfolg des Phishings aber heutzutage.

Doch auch das TAN-Verfahren ist nicht der Weisheit letzter Schluss. Beim eigentlich als sicher geltenden Chip-TAN Verfahren zum Beispiel kann mithilfe eines Trojaners (ein Schadprogramm auf dem Computer) der Nutzer des Online-Bankings auf eine gefälschte Webseite gelotst werden, obwohl er die Adresse der Bank korrekt in den Browser seines Computers eingegeben hat.

Auch das mTAN-Verfahren hat seine Probleme: Bei diesem bekommt der Nutzer eine SMS mit der kurzzeitig geltenden TAN. Die Gefahr hierbei besteht darin, dass die Übertragung der TAN per

---

17  https://www.faz.net/aktuell/finanzen/meine-finanzen/sparen-und-geld-anlegen/betrugs-aelle-setzen-online-banken-n26-unter-druck-16241301.html

SMS abgefangen werden kann, weil die SMS auf veralteter Technik basiert. Die Zukunft des mTAN Verfahrens ist daher ungewiss.

Ganz anders sieht es aus, wenn man kleinere Beträge an der Kasse mit Karte bezahlen möchte. Gerade in der Zeit, in der das Corona-Virus das öffentliche Leben in 2020 eingeschränkt hat, ist der Wunsch der Kunden groß, möglichst kontaktlos zu zahlen. Möglich macht dies die neue PSD2 Richtlinie. Girokarten mit der zuvor beschriebenen NFC – Technologie lassen sich für kleinere Beträge vollkommen ohne PIN zum Bezahlen nutzen. Die Bezahlobergrenze ist gemäß der Richtlinie für entsprechende Bankkarten von 25 auf 50 Euro hoch gesetzt worden. Maximal fünf Transaktionen mit einer Gesamtsumme von 150 Euro hintereinander lassen sich auf diese Weise tätigen. Sehr praktisch, aber alles andere als sicher: Eine gestohlene Karte kann problemlos von Dieben benutzt werden - ohne PIN. Auch ist es möglich, den NFC-Chip aus nächster Nähe 'anzuzapfen', wenn man die Karte beispielsweise in seiner Tasche in einer engen Fußgängerzone aufbewahrt. Deshalb gibt es zur eigenen Sicherheit auch spezielle Hüllen für jene Karten, die eine Signalübertragung verhindern.

Offiziell handelt es beim Anzapfen noch um eine theoretische Gefahr, die in der Praxis nur in Einzelfällen konkret wird - vermutlich auch deshalb, weil die Beträge durch die geltenden Limits zu klein sind, als dass sie sich zum Diebstahl lohnen.

Zusammenfassend ist festzuhalten, dass der Trend hin zum Online-Banking weg von den Filialen für den Kunden nicht nur mit Vorteilen verbunden ist, sondern auch mit Problemen und Herausforderungen bei der Gewährleistung der Sicherheit für die eigenen Daten.

Das kontaktlose Bezahlen gewinnt nicht zuletzt durch die Verbreitung des Coronavirus zunehmend an Bedeutung und wird sich auch in Zukunft durchsetzen und das Bargeld bei kleineren Käufen weiter an den Rand drängen.

# 7. Profiteure der Bargeld-abschaffung

Wer würde die Abschaffung von Münzen und Scheinen befürworten und aus welchem Grund?

## 7.1 Fintechs

Fintechs sind Unternehmen, die mit modernen Technologien Finanzdienstleistungen erbringen. Da Fintechs noch eine recht junge Unternehmensform sind, findet man diesen Begriff häufig in Zusammenhang mit Start-Ups. Start-Ups sind frisch gegründete Unternehmen mit innovativen Geschäftsideen, großem Potenzial beim Wachstum aber meist auch mit Verlusten in den ersten Jahren. Zu den Fintechs gehören aber auch bekannte Schwergewichte wie Google und Apple mit einer entsprechenden Marktmacht und dem nötigem Einfluss, um ihre Ideen durchzusetzen.

Es gibt viele verschiedene Dienstleistungen, auf die sich Fintechs spezialisiert haben. Dazu gehören vor allem das mobile Bezahlen, Anlegen von Geld, Bank- und Versicherungsdienstleistungen sowie *social trading*. Bei Letzterem handelt es sich um Börsenhandel im Internet, der darauf basiert, dass sich Menschen mithilfe eines dafür geschaffenen Netzwerks über Kursentwicklungen austauschen können, um so von ihrem Wissen gegenseitig bei ihren Investitionen profitieren zu können.

Fintechs erbringen also fast ausschließlich Dienstleistungen im Zusammenhang mit digitalem Zahlungsverkehr. Mit Blick auf die Zukunft wirkt Bargeld hierbei wie ein Dinosaurier – eine ausgestorbene Spezies, deren Zeit unwiderruflich vorbei ist.

<u>Mit der</u> zuvor thematisierten <u>PSD2-Richtlinie werden Fintechs gefördert</u>, denn die Förderung des Wettbewerbs im Markt ist eines der erklärten Ziele. Hierzu hießt es offiziell:

»Die PSD2 gibt den Zahlern das Recht, einen Drittdienstleister zu nutzen und verpflichtet die kontoführenden Zahlungsdienstleister den Drittdienstleistern künftig eine (eigene) Schnittstelle zur Verfügung zu stellen, über die Überweisungen (z. B. an den Internethändler) ausgelöst, Kontoinformationen heruntergeladen oder die Deckung von Kartenverfügungen abgefragt werden können.«[18]

Auf europäischer Ebene wird das Aufkommen der Fintechs zur verbesserten wirtschaftlichen

---

18 https://www.bundesbank.de/de/aufgaben/unbarer-zahlungsverkehr/psd2/psd2-775434

Entwicklung der Eurozone ausdrücklich begrüßt. Zwangsläufig wird dadurch die digitale Entwicklung dem Bargeld weiter den Rang ablaufen. Je weniger Bargeld im Umlauf wäre, desto mehr ließe sich mit innovativen Ideen rund um das Buchgeld Geld verdienen.

## 7.2 Banken

Die Geschäftsbanken wären mit Sicherheit ganz vorne mit dabei, wenn es um die Abschaffung des Bargeldes ginge. Sie sind schließlich diejenigen, die das Bargeld an die Kunden in ihren Filialen ausreichen müssen. Die damit verbundenen Kosten sind den Banken ein Dorn im Auge.

Ganz nebenbei würde sich noch ein weiterer Vorteil für die Institute ergeben: Neben den Einsparungen bei der Logistik und Schutzmaßnahmen vor Diebstahl für das Bargeld wären ohne dessen Existenz auch Gebühren leichter durchzusetzen, weil die Kunden ja dann nicht mehr aufs kostenlose Bargeld ausweichen könnten.

## 7.3 Staat

Öffentliche Behörden würde es ohne Bargeld leichter fallen, kriminelle Aktivitäten einzudämmen oder bei Sanktionen, Strafen oder dergleichen Zugriff auf Vermögen zu haben.

## 7.4 Europäische Zentralbank

Aus der Zentralbank selbst hört man keine Stimmen, die explizit eine Abschaffung des Bargeldes fordern. Individuelle Aussagen aus Reihen der Zentralbank lassen dabei nicht selten auf gegensätzliche Positionen zum Thema Bargeldabschaffung schließen.

Die EZB könnte aber angesichts der Krisen der letzten Jahre in einer Welt ohne Bargeld ihre geldpolitischen Maßnahmen, wie Leitzinssenkungen und Anleihekäufe[19] zur Stimulierung der Wirtschaft viel wirksamer durchsetzen, da die Menschen in Krisensituationen mit ihrem Ersparten nicht mehr ins Bargeld flüchten könnten. (Mehr zu diesem Thema in den Kapiteln 8 bis 10.)

## 7.5 Werbeindustrie

Informationen über die Konsumenten sind das Elixier der Werbeindustrie. Je mehr Daten durch bargeldlose Transaktionen über das Einkaufsverhalten, Produktaffinitäten und Zahlungsbereitschaft vorliegen, desto präziser lässt sich Werbung einsetzen und desto gezielter lassen sich potenzielle Kunden finden und Preise gestalten.

---

19   S. Anhang: Staatsanleihenkäufe der EZB, S. 98.

# 8. Kommt ein Bargeldverbot?

Oft wird in der Debatte um eine Abschaffung von Bargeld gerne vor einem <u>Bargeldverbot</u> gewarnt. Also eine Art vom Staat (und/oder der EZB) ausgehenden zwangsweisen Abschaffung. Damit einhergehend würde es aufgrund enger Verflechtung zwischen Politik und einflussreichen Interessengruppen schon Geheimabsprachen geben, so dass ein Bargeldverbot nur eine Frage der Zeit sei. Wie realistisch ist das?

Es macht sicherlich wenig Sinn über Verschwörungen zu spekulieren, für die es ohnehin keine handfesten Beweise gibt. Manchmal kommen die Thesen über das unabwendbar bevorstehende Bargeldverbot von Personen, die *rein zufällig* die passenden Anlageprodukte managen, welche einen vor den negativen Konsequenzen der Politik, die sich zum Büttel der Finanzindustrie machen würde, schützen sollen. Auch wurden schon Daten für das totale Bargeldverbot genannt, die allerdings aus heutiger Sicht schon in der Vergangenheit liegen; das widerspenstige Bargeld gibt es immer noch. Daher sollte man sich besser dem Thema sachlich und unvoreingenommen nähern:

Nehmen wir also den theoretischen Fall an, der Staat würde das Bargeld verbieten (können): Das würde zunächst einmal bedeuten, dass damit das einzige gesetzliche Zahlungsmittel nicht mehr existieren würde. Denn, wie wir am Anfang gelernt haben, ist Bargeld genau das. Geht das überhaupt? Kaum vorstellbar, aber auch nicht völlig aus der Luft gegriffen: Denn dann müsste man zumindest in Deutschland für Ersatz sorgen, der dem Bürger dieselben Rechte wie Eigentum am Bargeld einräumt. Eine digitale Währung mit dem Charakter als Zentralbankgeld könnte so ein Ersatz sein.

## 8.1 Digitales Zentralbankgeld

Tatsächlich wurde vonseiten der EZB eine Arbeitsgruppe gebildet, die sich mit der Einführung einer digitalen Währung beschäftigt, welche Merkmale aufweist, die dem Bargeld ähneln sollen.

Nach den Planspielen der EZB würde somit jeder EU-Bürger ein Konto bei der EZB erhalten können, dessen Guthaben verlustfrei jederzeit in Bargeld umgetauscht werden könne. Dies wäre eine fundamentale Änderung der bisherigen Grundsätze: Konnten bisher nur Geschäftsbanken direkt bei der EZB Konten führen, wäre dies auch für den Bürger möglich. Doch zu diesem Vorschlag gibt es noch eine Reihe unbeantworteter Fragen. So fürchten Geschäftsbanken etwa, dass die EZB eine Konkurrenz für sie werden könnte, wenn die Privathaushalte massenweise ihr Geld lieber der EZB anvertrauen würden.[20]

In den Verschwörungstheorien zum Bargeldverbot werden auch diese Pläne als Beleg für das baldige Ende von Münzen und Scheinen angesehen. Inwiefern aber diese digitalen Ambitionen vom Willen zu einer bargeldlosen Welt getrieben werden, ist zweifelhaft. Denn die EZB wie auch andere Notenbanken sind bei ihren Digitalisierungsplänen von einer Bedrohung ganz anderer Art als dem Bargeld getrieben: nämlich dem Aufkommen und der rasanten Verbreitung von Kryptowährungen, wie die von Facebook geplante Parallelwährung *Libra*.

## 8.2 Konkurrenz durch Kryptowährungen

Warum hat die Ankündigung des US Konzerns Facebook die Notenbanken so in Aufruhr versetzt?

Facebook hat Stand April 2020 2,99 Milliarden Nutzer, davon 2,36 Milliarden, die täglich aktiv Facebook nutzen. Wenn der Konzern eine eigene Währung einführt, deren Nutzung über eine Verknüpfung mit jedem der knapp 3 Milliarden Accounts möglich wäre, erschießt sich einem das

20   Siehe Anhang, S. 100.

enorme Potenzial, das dieser Schritt ermöglicht. Und es lässt erahnen, welche Auswirkungen dies auf das weltweite Finanzgefüge hätte.

Doch der Reihe nach:

## Was ist eine Kryptowährung?

Dabei handelt es sich um eine rein virtuelle Währung, die es anders als regulierte Währungen nicht in physischer Form gibt, also auch nicht in barer Form. Sie existiert nur im Internet. Zu den bekanntesten Kryptowährungen zählen unter anderem Bitcoin und Ethereum. Der Begriffsteil 'Krypto' bezieht sich dabei auf den Aspekt, dass Transaktionen, die mit dieser Form von Währung getätigt werden, auf Kryptographie beruhen. Hierzu kommt in der Regel die sogenannte Blockchain-Technik zum Einsatz. Chain, das englische Wort für Kette, steht für einen Prozess, bei dem jede Transaktion in einem Block als Teil einer Kette von Blöcken gespeichert wird. Auf diese Weise soll diese Währungsform besonders sicher vor Manipulationen sein, da jede Transaktion Teil einer nicht löschbaren und dezentral gespeicherten Informationskette wird. Eine Art Zentralbank, welche die Währung zentral steuert, gibt es daher nicht.

Die Einheiten digitaler Kryptowährungen, die auch Tokens oder Coins genannt werden, werden in digitalen Geldbörsen aufbewahrt, auch e-Wallets genannt.

## Was ist Libra?

Das Konzept, nach dem Libra funktionieren soll, hat sich seit der ersten Vorstellung der Pläne deutlich geändert, da es zu massiver Kritik von Zentralbanken und Regierungen kam. Man fürchtete, dass Libra zu einer ernsthaften Konkurrenz für bestehende Währungen werden könnte. Eine Konkurrenz, die dazu führen würde, dass man die Hoheit über die Steuerung von Währungen und Wechselkursen zur Wahrung der Preis- und Finanzstabilität verliert und sie stattdessen einem gewinnorientierten Konzern überlässt, der mit knapp 3 Milliarden Nutzern auch das Zeug dazu hätte.

Stand April 2020 hat Facebook sein Konzept für Libra dahingehend geändert, dass man keine eigenständigen Libra-Coins einführen will, sondern digitale Abbilder von bestehenden großen Währungen wie dem Dollar und dem Euro. Letztlich würde das nach aktuellem Stand bedeuten, dass Facebook von einer konkurrierenden Weltwährung absieht und zu einer Art alternativen Bezahlplattform werden könnte. Welche Auswirkungen auf das Finanzsystem sich vor allem in Krisensituationen in Zukunft im Zusammenhang mit Libra ergeben werden, ist zum jetzigen Zeitpunkt völlig unklar.

Letztlich sehen sich aber Zentralbanken wie die EZB durch Facebooks Vorstoß dazu gezwungen, ihre eigene Währung in digitaler Form anzubieten, da geplant ist, Währungseinheiten von Libra in echte Währungen in digitaler Form (wenn sie denn eingeführt worden sind) tauschen zu können.

### 8.3 Bargeldverbot wegen Digitalisierung?

Um also zum Thema Bargeldverbot zurückzukommen ist die EZB bei ihren Plänen zur Einführung eines digitalen Euro von der anfangs noch belächelten und als Nischenphänomen abgetanen und jetzt sprunghaft gestiegenen Digitalisierung von Währungen  getrieben. Virtuelle Währungen finden immer mehr Akzeptanz und mit Facebooks Libra könnte sich die Digitalisierung erheblich beschleunigen.

Die schlechte Nachricht für Befürworter von Bargeld: Die Digitalisierung von Währungen ist bereits im vollen Gange und lässt sich nicht mehr aufhalten. China hat bereits mit der Einführung seines digitalen Zentralbankgeldes in 2020 begonnen, welches in Zukunft zum Beispiel für Lohnzahlungen nach Einrichtung eines entsprechenden elektronischen Kontos benutzt werden soll.

In einem Land wie China liegen die Vorteile von digitalem Zentralbankgeld auf der Hand: bessere Überwachung der Zahlungsströme, geringere Transaktionskosten, bessere Verfügbarkeit von Geld und vor allem durch die zügige Einführung ein Wettbewerbsvorteil gegenüber anderen Weltwährungen.

Auch in den USA hat man (spät) die Zeichen der Zeit erkannt. Dort wurde eine Expertengruppe gebildet - das Digital Dollar Project.[21] Ziel ist es, einen Strategie zu erarbeiten, den Dollar digital zu machen. Ähnliche Pläne gibt es auch für das Britische Pfund. Deren Umsetzungswahrscheinlichkeit ist derzeit aber ungewiss.

Wer beim Digitalisierungswettlauf zögert oder stehen bleibt, hat schon verloren. Es geht nicht mehr darum, <u>ob</u> man das gesetzliche Zahlungsmittel digitalisiert, sondern darum, <u>wie schnell</u> die Einführung gelingt, um Wettbewerbsnachteile und Bedrohungen für die existierenden Währungen zu vermeiden.

Die unaufhaltsame Digitalisierung von Währungen bedeutet aber nicht zwangsläufig das sichere

---

21  https://www.digitaldollarproject.org/

Ende von Bargeld. Die entsprechenden Pläne der EZB wurden in einem White Paper vorgestellt.[22] Daraus lässt sich zurzeit keine gezielte Absicht zu einem Verbot von Bargeld ableiten. Eine Möglichkeit dazu würde aber eröffnet.

Negative Begleiterscheinungen eines Krypto-Euros könnte es auch anderer Art geben: Denn, inwiefern die Kontrolle und Überwachung über Transaktionen damit ausgeweitet werden kann, wird sich erst bei der Umsetzung zeigen.

## 8.4 Ließe sich ein Bargeldverbot umsetzen?

Greifen wir die Bargeldverbots-Theorie noch einmal auf. Wie sollte das praktisch funktionieren, mit oder ohne digitalem Zentralbankgeld?

Würde Bargeld verboten, dann würden die Bürger in andere Werte, an denen man Eigentum erwerben kann, fliehen, statt es digital oder anderweitig unbar zu halten. Gold zum Beispiel. Wolle der Staat das verhindern, müsste er auch den Golderwerb verbieten. Oder die Leute flüchten in eine andere Währung wie den Dollar. Dann müsste man auch den baren Dollar verbieten. Also müsste man letztlich global alles Bare ver-

---

22  European Central Bank: Exploring anonymity in central bank digital currencies, Dezember 2019.

bieten, um Fluchtbewegungen des baren Geldes zu verhindern. Das ist schlicht nicht umsetzbar, denn in einer Studie aus dem Jahr 2018 wurde festgestellt, dass allein im Euroraum noch immer knapp 79 % aller Transaktionen in bar erfolgen.[23] Und in 17 von 24 untersuchen Ländern machten Barzahlungen über 50 % aller Transaktionen aus. Bargeld ist als Zahlungsmittel zwar auf dem Rückzug, aber es ist noch im Alltag viel zu bedeutend, als dass man es einfach verbieten könnte.

Ein weiteres (praktisches) Problem: Würde man das Bargeld verbieten, müssten das die regierenden Parteien im Euroraum in jeweiliges nationales Recht umsetzen. Und sie müssten ihren Wählern erklären, warum sie das Bargeld verbieten. In Deutschland, ein Land in dem Bargeld immer noch besonders geschätzt wird, keine verlockende Vorstellung für die Parteien.

Stellen wir uns das konkret am Beispiel der aktuell in Deutschland seit 2005 ununterbrochen im Bund regierenden Partei CDU vor: Bei der letzten Europawahl 2019 betrug der Stimmenanteil der ab 60 jährigen Wählerinnen und Wähler 39 %![24] Damit ist die ältere Generation, die am ehesten mit modernen und unbaren Zahlungstechniken fremdelt, die mit Abstand größte und wich-

---

23   Vgl. World Cash Report 2018, S. 25.

tigste Wählergruppe für die regierende Partei. Bei den 18- bis 29-Jährigen waren es nur 13 %, also der Gruppe, die neuen Zahlungssystemen eher zugeneigt ist.

Gegen den Willen seiner wichtigsten Wählergruppe könnte eine regierende Partei, wie in diesem Beispiel die CDU, ein Bargeldverbot nur dann durchsetzen, wenn sie schlagfertige Argumente hätte, die mindestens den Charakter der Abwehr einer schweren wie auch immer gearteten Krise hätten. Ansonsten würde ein solcher Schritt einem politischem k.o. gleichkommen.


## 8.5 Ende des Bargeldes durch Corona?

Der mit der Coronakrise einhergehende Lockdown (das Herunterfahren) der Wirtschaft wird nach aktuellen Schätzungen einen größeren Rückgang des Bruttoinlandsproduktes verursachen als zur Finanzkrise 2009. Würde die wirtschaftliche Erholung nicht eintreten und würden die Unternehmen und Verbraucher weiterhin zurückhaltend sein mit ihren Investitionen und Konsumausgaben, dann werden mit Sicherheit auch die Vorschläge zur Stimulierung der Wirtschaft schriller werden. Denn gerade in Krisenzeiten

---

24 https://www.welt.de/politik/deutschland/article194198267/Europaw ahl-2019-Wer-waehlte-wen-nach-Alter-Beruf-Geschlecht.html

neigen die Menschen dazu, ihr Bargeld zuhause zu horten, aus Angst, ihr Erspartes könnte in Gefahr sein. Ein Bargeldverbot würde sozusagen zu einem Konsumzwang führen. Aber dazu muss man gar nicht das Bargeld verbieten. Es reicht schon, einem den Geschmack am Bargeld zu verderben, durch Gebühren beim Abheben, durch Reduzierung der Zugangsmöglichkeiten Bargeld abzuheben oder durch Verringerung der Zahlungsmöglichkeiten mit Bargeld.

Und genau das ist wohl das wahrscheinlichste Szenario, das dem Bargeld in Zukunft blühen wird - unabhängig von einer Krise.

## 8.6 Zukunft des Bargeldes

Bargeld wird als Zahlungsmittel in Zukunft weiter an Bedeutung verlieren. Vielleicht wird es in dieser Funktionen sogar ganz verschwinden. Als Wertaufbewahrungsmittel aber könnte es weiterhin bestehen bleiben. Das wäre auch aus rechtlicher Sicht die einfachste Variante. Denn dann könnte Bargeld offiziell als gesetzliches Zahlungsmittel erhalten bleiben, hätte aber im Alltag beim täglichen Bezahlen keine Relevanz mehr.

Auf diese Weise könnte man das <u>Bargeld</u> elegant aus dem Alltag <u>abschaffen, ohne es verbieten zu müssen</u>.

Der Verbraucher hat es aber letztlich in der Hand, ob er das Bargeld stillschweigend aufgibt und sich den neuen virtuellen Formen von Geld zuwendet oder sich für dessen Erhalt einsetzt, indem er auf das Bezahlen in bar an der Kasse besteht.

Doch auch wenn ein Bargeldverbot aus praktischen Gründen unwahrscheinlich erscheint, um die Verbraucher zum Konsum zu animieren, wird das Thema nicht nur nach jeder weiteren Krise, die einen Wirtschaftseinbruch hervorruft, wieder auf die Tagesordnung von Bargeldkritikern kommen, sondern allein durch die Dynamik zur Entwicklung von Kryptowährungen mehr und mehr an Bedeutung gewinnen.

Abgesehen von Krisenbewältigungen werden aber bereits Schritte unternommen, das Bargeld einzuschränken, und es werden von offiziellen Stellen Pläne ins Spiel gebracht, das Bargeld systematisch zu entwerten, um es unattraktiv zu machen.

Mit diesen Schritten und Plänen befassen wir uns abschließend in den beiden folgenden Kapiteln.

# 9. Bestehende Beschränkungen des Bargeldes

## 9.1 Abschaffung des 500 Euro Scheins

Wird das Bargeldgeld nicht schon längst sukzessive abgeschafft? Diese Frage stellten sich viele Kritiker der Bargeldabschaffung, als von der EU beschlossen wurde, keine neuen 500 Euro-Scheine mehr zu produzieren. Angeordnet wurde dies vom Rat der Europäischen Zentralbank und in nationales Recht umgesetzt von der Deutschen Bundesbank.

Offizielle Begründung für die Abschaffung war die Eindämmung von Schwarzarbeit und kriminellen Geschäften, darunter vor allem Geldwäsche und Terrorismusfinanzierung. Wie wir schon zuvor thematisiert haben, ist die Nutzung von Bargeld für Betrüger und Kriminelle nicht von der Hand zu weisen. Die Frage ist nur, wie schwerwiegend der Umstand ist, so dass eine komplette Abschaffung gerechtfertigt ist. Inwieweit aber ein Verbot eines Scheins, der ohnehin im Alltag für die meisten Bürger als Zahlungsmittel kaum eine Rolle spielt, eine messbare Reduzierung von illegalen Geschäften zulässt, bleibt empirisch unbelegt. Die EZB hat sich in ihrer entsprechenden Pressemitteilung[25] auch keine Mühe gemacht, Belege zu liefern. Dort heißt es nur:

Zitat: *»Damit hat der EZB-Rat Bedenken Rechnung getragen, dass diese Banknote illegalen Aktivitäten Vorschub leisten könnte.«*

Die EZB belässt es also bei einer Vermutung.

Immerhin behalten sich bereits in Umlauf befindliche 500 Euro-Scheine bis auf Weiteres ihre Gültigkeit. Wird ein Schein aber bei einer Bank eingezahlt oder umgetauscht, wird er eingezogen und nicht wieder in den Verkehr gebracht.

Die EZB versichert, dass das Ende des 500 Euro-Scheins kein Ende des Bargeldes bedeuten würde.

## 9.2 Abschaffung von 1- und 2 Cent-Münzen

In Deutschland noch Theorie, in Ländern wie Belgien schon Realität. Die Abschaffung dieser Münzen dort wurde kompensiert durch eine Rundungsregel auf 5 Cent-Intervalle. Der Einzelhandel in Belgien war mit der durch Gesetz angeordneten Änderung zufrieden – kein Wunder.

Dieser Schritt stiftete in Deutschland Unruhe, woraufhin versichert wurde, eine Abschaffung in

---

25  Europäische Zentralbank: Pressemitteilung vom 04. Mai 2016.

Deutschland sei nicht geplant. Doch nur wenig später, Anfang 2020, stellte die Europäische Kommission unter der neuen Führung von Ursula von der Leyen ein neues Arbeitsprogramm für 2020 vor, das neben den Plänen zur Einführung eines digitalen Euro auch eine Abschaffung von 1- und 2 Cent-Münzen vorsieht - und zwar für den ganzen Euroraum.[26]

Weil die Begründung zur Verminderung von illegalen Aktivitäten für Cent-Münzen nicht nachvollziehbar wäre, erläutert man die Notwendigkeit damit, dass die <u>Handhabung mit den betroffen Münzen umständlich sei</u> und dass dadurch Kosten der Herstellung gespart werden könnten.

Letzteres Argument ist besonders schwach, denn damit könnte man auch die Abschaffung aller Münzen und Scheine rechtfertigen.

Darüber hinaus beruft sich die Kommission auf eine Umfrage, nach der es keine Mehrheit bei den Bürgern für eine Beibehaltung jener Münzen gäbe. Die Umfrage suggeriert dem Bürgerwillen zu folgen, doch es drängt sich der Verdacht auf,

---

26  ANNEXES to the COMMUNICATION FROM THE COMMISSION TO THE EUROPEAN PARLIAMENT, THE COUNCIL, THE EUROPEAN ECONOMIC AND SOCIAL COMMITTEE AND THE COMMITTEE OF THE REGIONS; Commission Work Programme 2020, An Economy that Works for People, No. 34.

dass allein die Veranlassung einer solchen Umfrage schon die vorab bestehende Absicht zur Abschaffung voraussetzt.

War die Begründung für die Abschaffung des 500 Euro Scheins noch sinngemäß nachvollziehbar, wirken die Argumente bei den 1- und 2 Cent-Münzen sehr bemüht. Sollte es zu neuen Bestrebungen kommen, weitere Euro-Stückelungen aus dem Verkehr zu ziehen, darf man auf die entsprechenden Begründungen gespannt sein.

Es sei an dieser Stelle erneut darauf hingewiesen, dass es nicht nur um die Abschaffung irgendwelcher im Alltag unüblichen oder lästigen Bargeldstückelungen geht, sondern um Stückelungen des einzig existierenden <u>gesetzlichen Zahlungsmittels</u>, welches als einziges für Unternehmen und für Privathaushalte auch in Krisen und Notsituationen wie einem globalen Hackangriff oder einer schweren Naturkatastrophe, die einen längerfristigen Stromausfall verursachen kann, nutzbar ist.

Doch solange große Widerstände seitens der Bürger ausbleiben und die Abschaffungsbestrebungen stillschweigend hingenommen oder sogar begrüßt werden, scheint vonseiten der EU und der EZB auch keine Präsentation von <u>zwingenden Gründen</u> für ihre Vorhaben notwendig.

## 9.3 Bargeldobergrenzen

Ähnlich wie bei der Abschaffung des 500 Euro-Scheins wird immer wieder in der Politik gefordert, Bargeldobergrenzen bei Barzahlungen einzuführen. Denn eine generelle Obergrenze gibt es in Deutschland aktuell nicht. Lediglich eine Identitätsprüfung ist bei Barzahlung ab 10.000 Euro notwendig. Demnach muss der Verkäufer laut Geldwäschegesetz Name, Geburtsdatum, Geburtsort, Adresse und Staatsangehörigkeit dokumentieren. Auf diese Weise ist der Bargeldkauf nicht mehr anonym.

Viele andere Länder in Europa haben bereits teils sehr strenge Obergrenzen. Im Nachbarland Frankreich beispielsweise liegt die gesetzliche Grenze bei 1000 Euro.[27] Deutschland ist noch eines der wenigen Länder, das keine allgemeine gesetzliche Grenze eingeführt hat. Keine Obergrenze aber eine Meldepflicht besteht bei der Einfuhr von Bargeld aus dem EU-Ausland ab 10.000 Euro.

Für das Für und Wider von Obergrenzen lassen sich dieselben Argumente wie bei der Abschaffung des 500 Euro Scheins aufführen, wie die Bekämpfung der Schattenwirtschaft.

---

27  Siehe Anhang: Ausgewählte Bargeldobergrenzen, S. 99.

Ursprünglich wurde angestrebt, in der EU einheitliche Obergrenzen für Barzahlungen einzuführen. Doch nach Kritik wurden die Pläne seitens der EU Kommission auf Eis gelegt.

Die Einführung von Obergrenzen in Ländern wie Italien und Griechenland ist auch als Reaktion auf die Folgen der europäischen Schuldenkrise zu sehen, in deren Zusammenhang diesen Ländern Kredite unter Einhaltung einer Reihe von teils sehr restriktiven Auflagen gewährt wurden.

Eine Wirksamkeit der eingeführten Obergrenzen auf die Bekämpfung der Schattenwirtschaft lässt sich aber im Vergleich zu Deutschland, in dem es keine Obergrenze gibt, nicht feststellen.[28]

Eine Bargeldobergrenze wäre aber darüber hinaus eher keine Bedrohung für die Existenz des Bargeldes, denn die meisten Bar-Transaktionen in Deutschland werden ohnehin bei nur sehr kleinen Beträgen getätigt. Für den Alltagsgebrauch der Mehrheit der Bürger würde auch eine strenge Bargeldobergrenze kaum eine Auswirkung haben. Und durch die Abschaffung des 500 Euro-Scheins dürften Barzahlungen mit großen Beträgen auch ohnehin zurückgehen.

---

28  Vgl. Schneider, Boockmann: Die Größe der Schattenwirtschaft, 2018, S. 23.

# 10. Negativer Leitzins

Nun haben wir zuvor argumentativ die Furcht vor einem totalen Bargeldverbot teilweise entkräftet (man kann und darf anderer Meinung bleiben). Doch da zieht schon die nächste Bedrohung am Horizont auf: Negative Leitzinsen, die - wie in der Einführung angedeutet - das Bargeld entwerten könnten. Spinnerei?

Negative Zinsen auf Guthaben sind ja in Zeiten von einem Leitzins in Höhe von 0 % nichts Neues und werden weitgehend als normal hingenommen.

Der Leitzins (genauer: der Refinanzierungszins) ist Stand April 2020 immer noch bei 0 %. Der Einlagezins der EZB, zu dem die Banken ihr Geld bei der EZB 'parken' können, befindet sich schon im negativen Bereich Er liegt aktuell bei − 0,5 %. Letzterer Zins ist derjenige, auf den sich Banken bei Einführung von Negativzinsen für Sparer berufen.

Immer mehr Banken erheben diese sogenannten Verwahrentgelte für Tagesgeldkonten oder auch Girokonten nicht nur für Unternehmer, sondern auch für Privatkunden, wobei es unterschiedliche Freigrenzen gibt. Diese Verwahrentgelte kommen vor allem bei Neukunden zum Zuge, bei Bestandskunden ist ein Einverständnis erforderlich. Umgangssprachlich werden diese Entgelte auch als Strafzinsen bezeichnet. Also eine Strafe für Anvertrauen seines Geldes bei einer Bank? Wie man es auch nennt, der Leitzins ist die Ursache.

Die Frage, die sich stellt, ist, ob Strafzinsen rechtens sind, schließlich bezahlt der Kunde ja in der Regel schon Kontoführungsgebühren. Verbraucherschützer halten den Negativzins auf Guthaben für Kunden, die bereits Gebühren bezahlen, für unzulässig.

Ohne ein Bankkonto kommt heutzutage praktisch niemand mehr aus. Durch die Null-Zins-Politik der EZB schwinden die unverzinsten Guthaben ohnehin schon durch die <u>Inflation</u>, also durch die Geldentwertung infolge von Preissteigerungen. Jetzt kommen auch noch Strafzinsen hinzu. Allein diese Umstände üben schon Druck auf die Verbraucher aus. <u>Aber man kann immer noch aufs Bargeld ausweichen</u>. Auch dieses ist unverzinst, würde aber nicht mit Strafzinsen belegt, sondern unterliegt nur der allgemeinen Inflation.

Aus ökonomischer Sicht ein unvorteilhaftes Verhalten, denn wer sein Bargeld zuhause hortet, gibt es nicht aus. Aber in wirtschaftlich schwierigen Zeiten ist vor allem der Konsum die tragende Säule von Wirtschaftswachstum. Wie zwingt man also die Menschen zu mehr Konsum? Eine Möglichkeit wäre, das Bargeld zu verbieten, aber wie im vorangegangenen Kapitel beschrieben, ist dies ein schwieriges Vorhaben. Doch findige Ökonomen des Internationalen Währungsfonds IWF haben auch dafür eine alternative Lösung vorgestellt. Diese betrifft den Fall, dass die EZB den Leitzins auf unter null Prozent senken könnte.

## 10.1 Warum ein negativer Leitzins denkbar ist

Den Leitzins, gemeint ist der Refinanzierungszins, bei dem sich Banken bei der EZB Geld leihen können und welcher als Maßstab für Guthabenzins und Kreditzins bis runter auf den Verbraucher wirkt, in den negativen Bereich zu senken wäre eine extreme Maßnahme, die bei Ökonomen umstritten ist und teilweise als unmöglich betrachtet wird. Aber die vielen Krisen der letzten Jahre einschließlich der Coronakrise lassen bisher Undenkbares denkbar werden.

Der Vorschlag[29] aus den Reihen des IWF zur Besteuerung oder Entwertung von Bargeld wurde

---

29   Vgl. IMF Working Paper: Monetary Policy with Negative Interest Rates: Decoupling Cash from Electronic Money.

nämlich vor der Coronakrise genau für diesen Fall einer schweren Rezession entwickelt. Also ein bislang theoretischer Extremfall, der nun genauso in der Realität eingetreten ist.

Der Vorschlag sieht vor, den Leitzins nicht bei 0 % zu belassen, sondern in den negativen Bereich zu senken. Das würde letzten Endes bedeuten, dass <u>alle</u> Geldeinlagen ebenfalls negativ verzinst werden, was einer pauschalen Besteuerung von Einlagen gleich käme. Die Kunden würden sich also dem Einlagenverlust entziehen, indem sie ihr Erspartes bar abheben und zuhause liegen lassen.

Um dies anstelle durch ein Bargeldverbot zu verhindern, wird erdacht, unsere Währung in zwei Währungen aufzuspalten. Eine elektronische Währung für Gelder auf dem Konto und eine Währung in Bargeld. Warum das Ganze? Zwischen dem Geld auf dem Konto (dem Buchgeld), und dem Bargeld würde ein Umrechnungskurs bestimmt werden. Das würde bedeuten, man könnte in dem Maß, in dem das Buchgeld durch negative Zinsen entwertet wird, das Bargeld ebenfalls abwerten. Bargeld abzuheben, um sich dem Negativzins zu entziehen, würde dann keinen Sinn mehr machen. Man würde eher dazu übergehen, das Geld für Konsum auszugeben, statt es auf dem Konto oder in bar entwerten zu lassen – so die Theorie. Anreize zum Sparen wären dann für beide Geldformen unattraktiv.

Ob sich solche Gedankenspiele in die Realität umsetzen ließen, dürfte zweifelhaft sein. Denn eine damit einhergehende Zwangsenteignung von Vermögen sollte auf rechtlichen Widerstand stoßen - insbesondere in Deutschland.

Davon abgesehen ist die Wirksamkeit solcher drastischen Maßnahmen zu hinterfragen. Weil selbst mit einer Abwertung von Bargeld mit einem festen, hohen Wechselkurs zum elektronischen Geld gäbe es immer noch Ausweichmöglichkeiten für die Betroffenen. Hier gelten dieselben Alternativen wie Gold oder Fremdwährungen oder sogar Kryptowährungen, sofern sie hinreichend Vertrauen genießen.

## 10.2 Schwindende Handlungsspielräume der Notenbanken

Nach der letzten großen Finanz- und Schuldenkrise 2008/2009 wurden von vielen westlichen Notenbanken die Leitzinsen gesenkt, um die jeweilige Wirtschaft zu stimulieren, indem Kredite billiger werden und mehr investiert werden kann. Eigentlich sind solche Zinssenkungsmaßnahmen nur kurzfristige Instrumente. Die Volkswirtschaften in den USA und in Europa sind in der Folge gewachsen, die Arbeitslosigkeit in den meisten Ländern teils auf historische Tiefstwerte gesunken, dennoch ist es insbesondere der EZB nicht gelungen, neben Anleihekäufen[30] aus dem Zinskeller herauszufinden. Immer wurde argumentiert, der stattfindende Aufschwung biete noch keine Spielräume für baldige Zinserhöhungen.

Nun, nach Eintreten der Coronakrise, infolge derer eine schwere Rezession für 2020 zu erwarten ist, fehlt der EZB das entscheidende Instrument der Zinssenkung vollständig. Stattdessen muss sie sich auf Anleihekäufe von Unternehmen und Staaten beschränken, um liquide Mittel in der Wirtschaft frei zu machen. Die EZB hat sich damit ihres wichtigsten Instruments zu Stimulierung der Wirtschaft selbst beraubt. Ein Griff zu Verzweiflungsmaßnahmen wie der Abwertung von Bargeld ist daher nicht mehr so unrealistisch wie es vor der Coronakrise schien. Die Wahrscheinlichkeit des Eintritts dieser Maßnahme wird vor allem davon abhängen, inwiefern sich die Volkswirtschaften in der Eurozone nach dem Shutdown wieder erholen werden. Bleiben Ver-

---

30   Siehe Anhang: Staatsanleihenkäufe der EZB, S. 98.

braucher mit ihren Konsumausgaben stärker als erwartet über einen längeren Zeitraum zurückhaltend, steigt diese Wahrscheinlichkeit.

In dem Arbeitspapier des IWF wird von einer kommunikativen Herausforderung gesprochen, eine solche Maßnahme zu rechtfertigen. Das darf man getrost als Euphemismus betrachten.

Zudem wird als Vorteil hervorgehoben, dass die Maßnahme reversibel, also jederzeit rückgängig zu machen sei. Die letzten Schritte zur Senkung des Leitzinses waren das auch. Sie wurden nicht rückgängig gemacht und nach der Coronakrise erscheinen mittelfristig wieder steigende Zinsen illusorisch.

Auch wird schon für die nahe Zukunft über mögliche Steuererhöhungen offen spekuliert, um die Folgen der drastischen Verschuldungsmaßnahmen zur Stützung der Wirtschaft durch den Staat wieder auszugleichen. Steuererhöhungen sind Gift für den Konsum, der doch so dringend gebraucht wird. Mit den Plänen des IWF allerdings, wären diese viel einfacher durchzusetzen, ohne den Konsum zu stark zu gefährden.

Es bleibt festzuhalten, dass solche ernsthaft von offizieller Seite angestellten Überlegungen, deren Umsetzungswahrscheinlichkeit durch den Worst

Case in Form der Coronakrise noch gestiegen ist, Ausdruck von schwindenden Handlungsspielräumen westlicher Zentralbanken wie der EZB sind.

# 11. Zusammenfassung

Trotz nachlassender Anteile am Gesamtumsatz erfreut sich Bargeld in Deutschland nach wie vor großer Beliebtheit. Vor allem kleinere Beträge unter 50 Euro werden nach wie vor im Einzelhandel am häufigsten bar beglichen. Als einziges gesetzliches Zahlungsmittel gilt Bargeld als krisenfestes Instrument, welches dem Bürger Anonymität und sein Recht auf informationelle Selbstbestimmung sichert.

Die Kritik am Bargeld reißt jedoch nicht ab und wurde nicht zuletzt durch die Ausbreitung des Coronavirus erneut aufgegriffen, da eine Ansteckung über die Verwendung von Münzen und Scheinen denkbar ist.

Neben den Kosten, die der Einzelhandel und Banken für die Bereitstellung und den sicheren Transport von Bargeld gewährleisten müssen, wird stets auch auf die Förderung von illegalen Aktivitäten durch Bargeld hervorgehoben. Obwohl exakte Zahlen fehlen, wurde im Zuge dessen bereits die Produktion des 500 Euro Scheins eingestellt, mit dem Ziel, diesen sukzessive aus dem Verkehr zu ziehen. Laut den neuen Plänen der Europäischen Kommission soll dasselbe Schicksal den 1- und 2 Cent-Münzen blühen.

Mit dem Aufkommen immer neuer Bezahlmöglichkeiten, die insbesondere das mobile Bezahlen mit dem Smartphone erleichtern und fördern sollen, werden immer mehr Daten generiert, die stets präziser Auskunft über das Nutzerverhalten der Käufer geben, so dass die Gefahr besteht, dass der gläserne Kunde mehr und mehr Realität wird.

Infolge der zunehmenden Beliebtheit und nicht zuletzt durch die Ankündigung des US-Konzerns Facebook eine eigene Kryptowährung für seine fast 3 Milliarden Nutzer einzuführen, sieht sich die Europäische Zentralbank gezwungen, Pläne für einen eigenen digitalen Euro zu forcieren. Obwohl hierzu noch eine Reihe von Fragen ungeklärt sind, könnte diese neue Kryptowährung in letzter Konsequenz zu einem vollständigen Ersatz für Bargeld werden, da es sich dabei um digitales Zentralbankgeld handeln soll.

Nach der schweren Rezession durch die Eindämmungsmaßnahmen gegen das Corona-Virus sind schon zuvor durch den IWF erarbeitete Pläne wieder aktuell geworden, welche die Bürger dazu animieren sollen, mehr zu konsumieren, um die

Wirtschaft wieder anzukurbeln. Zu diesen Plänen gehört die Abspaltung von Bargeld von elektronischem Geld, so dass über einen festen Wechselkurs zwischen den beiden Geldformen eine Abwertung von Bargeld ermöglicht würde. Diese Abwertung wiederum soll dazu führen, dass das Horten von Bargeld unattraktiv wird.

Gleichwohl eine vollständige Abschaffung von Bargeld insgesamt unrealistisch, weil nahezu undurchführbar scheint und ein staatliches Bargeldverbot ohnehin kaum denkbar ist, wird die Bedeutung von Bargeld im Alltag dennoch zunehmend an den Rand gedrängt, sei es durch das Forcieren neuer unbarer Bezahlmethoden oder durch kleine Schritte und Pläne der EZB zur Abschaffung bestimmter Bargeld-Stückelungen.

Letztlich hängt es auch von den Bürgerinnen und Bürgern bei der Akzeptanz und beim alltäglichen Verhalten im Umgang mit neuen Währungen und Zahlungsmöglichkeiten ab, ob das Bargeld noch eine Zukunft hat.

# 12. Anhang

## 1. Staatsanleihenkäufe der EZB

Was ist eine Staatsanleihe?

Allgemein ist eine Anleihe ein Wertpapier, das in der Regel verzinst wird und einen Kredit verbrieft. Der Käufer der Anleihe erwirbt das Recht auf Zinszahlung und auf Rückzahlung des Kaufpreises der Anleihe. Der Anleiheverkäufer (in diesem Fall der Staat) ist also ein Kreditnehmer, der durch den Verkauf der Anleihe Geld erhält, das er nach einer bestimmten vorher definierten Laufzeit und unter Zahlung der Zinsen wieder zurückzahlen muss. Laufzeiten von Staatsanleihen können unter anderem zwei, fünf oder zehn Jahre betragen.

Weil Staatsanleihen vor allem von Banken gekauft und gehalten werden, ist es Absicht der EZB, jene Anleihen den Banken abzukaufen, damit aus dem Verkaufserlös der Bank liquide Mittel frei werden, die sie dann anderweitig investieren kann. Dies soll im Idealfall der Förderung der wirtschaftlichen Aktivität im Land zugute kommen, zum Beispiel, indem Kredite an Unternehmer vergeben werden können.

# 2. Ausgewählte Bargeldobergrenzen in der EU

(Angaben ohne Gewähr)

Frankreich:

- Maximal 50 Geldstücke sind bei einer Transaktion annahmepflichtig.

- Höchstgrenze: 1.000 Euro für französische Steuerzahler, 10.000 Euro für Ausländer, Barzahlungen zwischen Privatpersonen sind nicht begrenzt.

Italien:
- Verbot von Barzahlungen ab 3.000 Euro. (Zuvor betrug die Grenzen sogar 1.000 Euro)

Spanien:
- 2.500 Euro für Spanier, 15.000 Euro für Ausländer

Griechenland:

- maximal 500 Euro

- Ausnahme: Kauf eines Autos

# 3. Pläne zum digitalen Euro

- Das digitale Zentralbankgeld soll Bargeld-ähnliche Merkmale aufweisen.

- Die Privatsphäre des Bürgers soll gewahrt bleiben, jedoch wird dieser Punkt nur auf geringe Transaktionsbeträge bezogen. Höhere Beträge sollen einer systemspezifischen Prüfung unterliegen.

- Die Zentralbank wäre nach den Plänen die einzige Institution, welche digitale Währungseinheiten herausgeben und aus dem Markt entfernen kann (ähnlich wie beim Bargeld).

- Jedem Bürger würde es ermöglicht werden, direkt bei der EZB ein Konto führen zu können. Damit würde sich das Problem ergeben, dass die EZB zu einer Konkurrenz zu bestehenden Geschäftsbanken werden könnte. Um dies zu verhindern, sollen höhere Guthaben entweder gar nicht oder negativ verzinst werden. Kleinere Guthaben sollen marktüblich verzinst werden.